北方民族大学学术文库

王　薇 ◎ 著

云南剑川金华镇古民居研究

天津出版传媒集团

天津人民出版社

图书在版编目（CIP）数据

云南剑川金华镇古民居研究 / 王薇著 . -- 天津：
天津人民出版社，2021.10

ISBN 978-7-201-17746-5

Ⅰ . ①云… Ⅱ . ①王… Ⅲ . ①民居－古建筑－研究－
剑川县 Ⅳ . ① K928. 71

中国版本图书馆 CIP 数据核字（2021）第 210868 号

云南剑川金华镇古民居研究
YUNNAN JIANCHUAN JINHUAZHEN GUMINJU YANJIU

王 薇 著

出　　版　天津人民出版社
出 版 人　刘　庆
地　　址　天津市和平区西康路 35 号康岳大厦
邮政编码　300051
邮购电话　（022）23332469
电子信箱　reader@tjrmcbs.com

责任编辑　谢仁林
封面设计　赵　静

制版印刷　天津雅泽印刷有限公司
经　　销　新华书店
开　　本　710 毫米 ×1000 毫米　1/16
印　　张　15
字　　数　200 千字
版次印次　2022 年 1 月第 1 版　2022 年 1 月第 1 次印刷
定　　价　58.00 元

自　序

　　光阴似箭，我已经从西安建筑科技大学毕业 14 年了。2005 年，导师派我和同学到云南文物局接手该地区的古建筑调研任务。那是我第二次到云南这个地方，第一次是本科时代的写生实践。之前云南在我脑海中的印象是：天蓝，水蓝，空气洁净，紫外线强，多民族汇集。这使我对云南有一种特殊的向往和盼望之情。身临其境后，我更是对她有一种相识多年的亲切感。

　　云南自然地理的复杂性造成了交通的复杂性。经过长途跋涉，我们到了调研目的地第一站：云南大理市喜洲镇。喜洲镇是一个白族聚居地，地面古建筑群规模大，保留有完整的街道体系和集贸市场——四方街，村口有学校、图书馆和庙宇。村内道路相交，街道转角处设有水井。建筑入口一般为一高两低带屋檐式大门，院落平面布局为四合院式，有三进、四进院落，合院内建筑体量较大，且为两层楼阁式建筑。喜洲镇内的大部分古建筑建造于明、清、民国时期。早期，村落中分布着完整的水系，而现在道路大面积硬化，川流过街道的水系变成了水泥路，而水渠、水沟等都被水泥板掩盖。沿街有的木质建筑因常年废弃而倒塌毁损，有的即使有人居住，却因为建筑的功能已不能适应现代社会的生活需要，居住者已对部分建筑进行了改建，建筑外观发生了变化。经调研后我的基本印象是：明清时期，部分喜洲镇人远涉东南亚进行商业贸易并获得收益，回到喜洲镇后开始修整和营造旧宅，很多老宅受到了来自东南亚文化的影响。例如，门头采用的装饰图案、门窗样式等都仿制东南亚的格栅窗、木质装饰图样；民国时期，院落结构明显变化，院落尺度加大，房屋进深加宽加长，楼层层高也抬高了，建筑装饰明显简化，去掉了一些转角上的小房间；抗战时期，该地区建筑受到了战争外力的破坏，一些建筑被军队占用，因此在房间数量上又有所增加，有的四合院外加建了 2 层高的楼房；历次土改及"破四旧"，喜洲镇的古建筑受到空前破坏，而且古建筑上的装饰遭受很大的毁损；现在，完整的四合院空间被重新分配给每户居民后，居民根据自己的要求把一些空间功能进行了转化，居住空间变为了会客空间，偏房变为了厨房。今天见到的残损的阑额、雀替、挂落，已成为一个时代的缩影。

即使如此，该地区古建筑有相当一部分仍然保存得较为完整，建筑形态独具特色。引用老舍先生的《滇行短记》中的一段话："我想不起，在国内什么偏僻的地方，见过这么体面的市镇，……进到镇里，仿佛是到了英国的剑桥，街旁到处流着活水，……不到一里，便是洱海。不到五六里便是高山。山水之间有这样的一个镇市，真是世外桃源啊！"喜洲镇真如老舍先生所说的是一处"世外桃源"，是一处布局完整的古代城镇。

在喜洲镇调研了一段时间后，我们出发到第二个调研点——剑川县金华镇。金华镇坐落于一个低谷山地，四周环绕着大山，不似喜洲镇，位于由苍山洱海环抱的平原开阔地段。在去往该地的路途中，车蜿蜒在山体之上，道路奇险，一侧靠近山，一侧临近万丈深渊。"剑川"就像它的名字一样，是军事要塞之处、兵戈相交之地。剑川县金华镇的古建筑完全不像大理地区的古建筑，因为从军事上考虑，所有建筑布局和体量都是较为狭小和封闭的。在古代，这里的居民大多是戍守战士、贬谪文官、发配流亡者，他们携带着家眷，不能回归故土，只能驻留于此世代相守。出于对故土的思念和受中国传统文化的影响，他们在剑川进行了大面积的建筑营造活动。因此，剑川地区的古建筑出现了聚居、群居的面貌。

镇内人口较多，金华镇地势起伏，平坦之地较少，建造面积局限，故剑川金华镇内的院落围合尺度小、建筑低矮。相对于大理喜洲镇建筑的开放态势，金华镇的建筑封闭而保守，缺乏开放空间；受自然地理和地势影响，金华镇被群山环抱，而喜洲镇处于开阔地带，建筑基地可以扩展；剑川金华镇具有重要的军事战略地位，而喜洲镇是建筑外部空间的表现，与建筑使用者身份、建筑历史地理位置紧密相连；金华镇古建筑群的形成规模时间基本在明代，喜洲镇古建筑群的形成与分布时间不等（自明代开始至民国各时代都有）。

剑川县金华镇虽位于云南地区，但无论从建筑外观上，还是从建筑内涵上都与云南其他区域的民居建筑有显著差异。由于云南剑川金华镇古民居地处偏远地区，所以能保持完整而良好的古代建筑原貌，充分反映了地域特色和民族风格，这是对古代建筑保护有利的方面。近年来，地方民居成为众多旅客的驻足之地，这样虽然为当地带来了可观的旅游经济收入，但也造成了地区民居建筑文化特色的改变与破坏。笔者在调研中发现，现代建筑的发展、旅游等多方面因素导致大批珍贵文物建筑的改建、拆除、毁损，这些都是对古代建筑保护极为不利的。

金华镇的民居建筑自成一体。它既区别于大理地区白族民居建筑的装饰和建筑体量的高大，又区别于丽江地区白族民居的宗教独特性。它没有鲜明的民族性、没有受宗教性文化影响，但即使如此，它也是独特的。这些独特性在于时代变迁和历史传统文化的积淀改变了这个村镇的面貌，改变了这个村镇的居住建筑风貌。

本书的撰写是与"云南剑川金华镇古民居建筑"保护工程并列进行的，是在其方向下的扩展性理论研究课题。早在 2004 年，应云南省文化局和剑川文管所的邀请，有关部门拟对云南剑川金华镇古民居建筑进行测绘和保护。为了能更有效地保护这一古代建筑群遗存并对其进行合理的开发与利用，笔者对其进行了实地考察及深入细致的基础理论研究，在此基础上对云南剑川县金华镇古民居建筑群做出了客观、全面、系统的评估。在以上概念和理论的指导下，笔者参与对其进行合理保护规划与设计工程，以指导相关部门采用有效的保护规划手段，促进金华镇古建筑群得到更好的保护和全面的展示。

通过对剑川县金华镇古民居建筑群详细的现状考察、基础资料的深入分析，对基础理论的客观研究、系统价值的翔实评估，我们可以发现，由于剑川县金华镇的特殊地理环境、区域位置、社会背景、历史渊源以及人文环境等各方面的因素，剑川县金华镇在建筑类型、建筑空间格局及建筑装饰方面都显示出其独特的地域性与民族性等文化特征，具有极高的历史、文化、艺术价值，为研究剑川县金华镇古民居建筑提供了坚实的理论依据和写实的优秀实例。

民居是人类重要的文化现象之一，是与人类生活息息相关的文化复合体。有史以来，人类在适应和征服自然的过程中，创造和发展了这一独特的文化——为了满足自身生活和生产活动需要而创造的建筑文化。

陆元鼎先生曾在《中国民居研究五十年》中论述道："优秀的传统民居建筑具有历史、文化、实用和艺术价值。今天要创造有民族特色和地方风格的新建筑，传统民居可以提供最有力的原始资料、经验、技术、手法以及某些创作规律。因而，研究它就显得十分重要和必要。"研究民居的道路任重道远，只有通过更多学者、研究者的不断投入和积累，才能将民居建筑研究推向更深层次。

　　本书由于篇幅有限，加之笔者才疏学浅，不能将剑川县金华镇古民居建筑的各方面都进行详尽剖析与深入研究，故将剑川县金华镇古民居建筑的本体进行较浅的解析和讨论，体现该地区古代民居的特点，以期未来对该地区民居研究提供一定的基础和参考资料。自 2005 年笔者对该地区民居建筑展开研究后，尚未见有对其进行更为深入的研究，从笔者撰写硕士论文《云南金华镇明清古民居建筑特色研究》后，也未见到其他相关内容的深入和专题研究，这都是遗憾之处。

王　薇

写于 2020 年 5 月

前　言

　　云南是一个多元文化、多民族融合发展的聚居区域。无论是从历史文化角度来看，还是从人文地理学科来看，我们都可以发现云南地区文化的特殊性。本书所阐述的云南剑川县金华镇地处云南省大理白族自治州剑川县北部，在地理上都具有重要意义的。其在历史上作为"吐蕃道"和"滇藏古道"的重要关口和必经之路，元代以来，这里就有重兵把守，所以该镇内一直存在着历代留存下来的古民居建筑。剑川古建筑的历史年代推算大致分布在明代、清代、民国等三个时期，民居建筑型制完整且能充分反映出地域特色及民族风格。

　　本书是关于云南剑川金华镇古民居建筑的实地调查与分析研究。通过实地查勘、测绘、访谈、调研、观察等田野调查的研究手段，以云南剑川县金华镇的几处典型民居建筑为研究对象，梳理出该地域民居的发展脉络、发展背景、自然环境、地理位置等，从建筑学角度分析金华镇的民居形态和特点，根据民居形制、布局、装饰特点评估出该地区民居的存在现状和文物价值，希望运用现代和传统民居理论研究方法和多学科的保护方法，探讨针对保护该地区民居建筑的理论、方法、原则、手段。

　　以该镇的古民居建筑为研究对象的原因在于：①民族的多元化。该地区居住着汉族、白族、纳西族等多民族。②典型的地域特色。该村镇的自然地理位置、自然气候、文化倾向、居住选址等。③文化的交融。多民族文化、地方文化、外来文化的融合。④建筑状态保存完好。经济发展、旅游开发、交通发达等是很多古民居建筑遭破坏的重要影响因素。而该地区属于一块少有的净土，建筑状态基本完好。⑤建筑技术的特色。在继承古代传统建筑技艺基础之上，发挥了本土建造者的地方做法。⑥宗教文化对建筑的影响。多教合一的宗教文化信仰影响了建筑装饰、建筑选址、建筑功能与布局。

本书分为三个部分：第一部分，对剑川县金华镇的历史沿革、发展背景进行阐述与分析，分析其历史、气候的特点、地理位置、民族和文化的构成、经济与宗教等方面对金华镇古民居建筑群的影响。着重探讨了剑川县金华镇的历史发展演变过程，其宗教的起源和发展，经济、人口等一系列因素的影响。针对明清两代民居所受到的外来影响做了重要分析与研究。第二部分，分析各个时期特别是明清时期几个典型的民居建筑特点，划分了民居建筑的特征。①金华镇村落形态与特征；②从古民居的空间布局、建筑结构、用材、建筑装饰等方面来剖析单体民居建筑特点。第三部分，根据大量实地调查、分析、研究等，探讨剑川县金华镇明清时期典型民居的特色和研究价值及意义。归纳和总结金华镇古民居建筑的特征，着重探讨该地区传统民居的继承与发展问题。在保持古民居建筑的文化价值和古民居现代化保护与发展基础上，如何保护金华镇古民居，如何改善居住环境，如何有价值地延续，都是需要探讨的问题。

由于该地区所处地理位置和交通不便，金华镇古民居相对保存完整。目前，当地政府为了改善本地居民经济和生活水平，希望通过旅游产业改善贫困状态，所以对该地区的建筑进行了大面积的改建与加建。在全国旅游经济行业快速发展的情况下，大部分古民居或者古镇成为众多旅客的涉足之地，以致当地政府部门对其过度开发，从业者乱搭乱建，破坏原有古民居的行为时有发生，旅游产业给古民居带来了一定的负面影响。笔者在该地区调研时发现古民居和古镇的改变有以下几点原因："打土豪分田地"使得多座古民居院落的结构和院落空间整体性的分离，故产生了建筑型制的改变，并伴有建筑样式的改变和建筑开间数量的增建；"文化大革命"时期掀起的"破四旧"浪潮对原有古民居建筑装饰（木雕或者石雕）的破坏，一些古庙宇、戏楼及祭祀空间被大面积拆除；该地区居民大部分外出打工，原有民居被废弃，民居建筑没有受到有效保护；现代人们居住习惯和生活需求发生根本改变，古民居建筑从本质上不能适应现代生活的功能需求。

金华镇古民居面临的问题也很复杂。例如，一些常年失修的民居建筑出售给外地经商者，为了经营的需要，对合院建筑格局进行了大面积改动；为了旅游业的需要，地方政府对一些街道进行了整修，并在街道入口修建了仿古牌楼，沿街墙体整体粉刷成白色等。这些看上去与丽江地区传统民居建筑有似曾相识的感觉。再如，祠堂建筑的昭忠祠前摆放了现代雕刻的一对狮子，这些改变都是与历史风貌不相符的。

单启德先生认为，"一个国家，一个民族，丢失自己的文化传统是会失去生命力的，甚至会灭亡。一个国家，一个民族，故步自封，安于守旧，自己的文化传统不能与时俱进，不能跟随时代及时转型，同样也会丧失生命力的"。因此，金华镇可持续发展的关键性问题不是如何修建新的建筑，而是如何保持其既存古民居建筑的独特性，将独特性变为地区建筑发展的根本动力。

/目录/

CONTENTS

第 1 章　绪论

1.1　研究缘起

从研究工作角度来看，除了积累素材、补充空白、抢救性地调查有价值的民居外，研究思路还应注意横向与纵向的分析整理。研究金华镇古民居的目的不是守旧不变而是总结其特点和厘清历史脉络，这样才能把那些代表历史时代特点的民居建筑筛选出来，其价值也就自然体现了出来。

在调研剑川民居建筑时，笔者有幸亲历了剑川沙溪寺登街（它是历史悠久的茶马古道上唯一幸存集市，有完整的戏院、旅馆、寺庙和大门等，使这座连接西藏和南亚的集市相当完备）。2002 年 8 月，剑川县人民政府与瑞士联邦理工大学空间与景观规划研究小组共同组织实施"沙溪复兴工程"。当时笔者所见到的沙溪镇寺登街已将大部分的沿街立面修整完善，且配备了一些公共设施。在修整古镇建筑中，有很多修复的办法值得研究学习与借鉴。（见图 1-1、图 1-2）

图 1-1　寺登街上的戏楼

图 1-2　沙溪镇内的清代民居建筑

　　云南剑川县金华镇白族文化保护区位于大理州剑川县金华镇。2005年9月，被大理白族自治州人民政府公布为第一批州级民族传统文化生态保护区，列入第一批州级非物质文化遗产名录。

　　剑川古城区内明、清、民国时期的古民居建筑占总建筑的90%以上，较为完整地保存了明代文庙、武庙、财神殿、东岳庙、张飞庙等古寺庙公共建筑。古民居建筑群中最珍贵的为明代民居，至今保存着明代民居40余座（保存较好的为21座）院落，此外有清代民居146座院落，其余为民国时期至20世纪60年代的土木结构民居建筑。

　　基于以上的背景，笔者在导师的带领下，有幸参与了剑川古城的保护与调研工作，并将保护对象转化为笔者的研究课题。

1.2　研究意义

　　从历史的角度对古建筑信息进行整理与鉴别，并把它作为保护历史文化遗产环境与本体的依据。由于自然淘汰或是现代化的需要，传统民居建筑正逐步被毁而日渐减少。为此，民居研究者正竭尽自己的力量，在力所能及的范围内尽全力抢救民居建筑遗产，即尽快、尽早地进行测绘、调查、记录，做到预先保存资料，同时也是为了弘扬传统建筑文化和抢救民居建筑遗产。

传承优秀历史文化，发挥现实指导意义。史料、实物调查、经验、做法都属于现象，要上升到理论，找到规律性，才能有效地成为指导原则应用于实践。研究民居的目的，不仅要了解历史，更要为今天的人们所利用。人文和社会学科的传统建筑研究，既要为历史与文化服务，也要为今天的建设与传承服务。

传统民居建筑的地方特征和地方风貌与当代新建筑的地方特点应该有一定的关系，即继承和发展的关系。地方特色来自以地方建筑文化，因此要探索新建筑的地方特色，必须深入民间，到传统村镇、村落、民居中去调查、考察，取其精华，找到能适应当代建筑的元素，让设计者能设计出更好的当代建筑。

将民居研究与民系结合起来，不仅可以在宏观上认识民居研究的历史演变，同时也可以了解到不同区域（民系）民居建筑的特征及其异同，为中国设计出有民族特色和地方特色的当代新建筑提供有力的证据。

收集该地区的建筑史料，增实该地区的建筑历史基础资料。本书从历史、文化及对古建筑保护的角度，运用分类、对比的手法，对剑川县金华镇古民居进行全方位的研究，这样不仅对于剑川地区传统建筑文化遗产的保护和利用具有较翔实的史实资料收藏与学术研究价值，而且对于深刻认识剑川传统民居的自然地理环境、社会历史背景、民俗文化底蕴、传统建筑技艺、建筑意匠、装饰特色的功能提供真实、客观、翔实的资料，对于丰富和发展中国传统民居建筑艺术，具有一定的历史和现实意义。

1.3 研究方法

陆元鼎先生在总结中国民居研究中提出了四个方面的问题：①社会、文化和哲理思想；②形态和环境；③营造与设计法；④保护、改造和发展。笔者认为，这四个方面是相辅相成且不可分割的。民居的营造与设计法需要对传统民居的技术手段进行发掘和整理，而民居研究结合形态和环境，结合社会和文化思想就是为了让研究者更好地理解民居的成因，理解民居的形式与功能的关系。只有对民居营造与设计法、形式与功能的关系、文化观念的深刻理解，才能合理地对民居加以保护、改造与发展。对于传统，保护的关键不是传统的形式，而是产生这种形式的社会动力过程，从而对传统的保护有坚实的社会和文化力量作为依靠。建筑发展的本质在于创新而非固守传统。研究民居、理解民居是为了让人们更好地回答今天所面临的问题：在适应现代生活需要的同时融入特定的社会、文化背景，考虑如何才能保持传统建筑和文化的延续，怎样才能将这种模式纳入现代建筑设计的构思之中。

美国社会学家贝利认为，"方法论与方法不同，后者在科学研究中是指研究的技术或收集资料的工具，前者是指研究过程的哲学"。简言之，方法就是工具，任何学科的方法都是服务于学科本身的。

归纳法与演绎法：归纳是从可观察到的实在（事实、数据）中得出新的概括的经验过程，是从特殊到一般、从具体到抽象的认识过程。归纳法由于可得到新的经验，因此被认为是"发现"的方法，是人类知识增加的主要途径。但是，归纳法是不完备的，由于归纳的样本空间有限，由归纳得到的"一般"仍然带有特殊性，特别是可能会受到归纳者主观因素的影响。英国哲学家休谟认为归纳的结果中往往会带有信念、心理、习惯等非理性因素，因此归纳的结果并不必然是客观的和真实的。而对于演绎法来说，其依据的逻辑体系本身往往是严密和客观的。因此，演绎推理认为，如果单个的前提是真实的，并且具有整体的完备性，且推理也是正确的，则结论必然是可信的。当然，结果的适用范围不能超出假设的逻辑内容。因此，民居研究需要这两种方法进行相互配合和互换，前提是在特定的建筑和划定的范围区域内进行辩证逻辑的研究。

田野调查法，即指社会学中的一种实证进行的调查。英文为"field-work"，又被译为田野工作、田野作业、田野考察、野外考察、实地考察等。美国传统辞典中的定义是，"The collecting of sociological or anthropological data in the field"。它既不是按照预先拟定的理论框架去收集资料，也不是根据调查材料归纳出一般的结论。它的重点是直观社会本身，力图通过记录一个个鲜活的人、事、物来反映调查对象的本质。田野调查的过程，其实是"理论"与"经验"两个层面循环交流、相互修正的过程。

民居的研究领域有两种不同的跨文化比较研究：广义的跨文化比较研究和狭义的跨文化比较研究。所有民族学的比较研究，广义上均可称为跨文化比较研究，而狭义的跨文化比较研究则是指默多克等人建立和发展起来的、引入统计分析手段的、全球规模的跨文化比较研究。引入统计分析方法的跨文化比较研究，早在 19 世纪末由英国人类学家泰勒提出。但是，这种研究方法到了 20 世纪 30 年代以后，才被正式运用于多种不同文化的比较研究而引起学术界的广泛注意。

邹逸麟先生认为："历史地理学研究的对象是地理，研究的资料和方法，既有历史的，也有地理的，还包括考古的，等等。其科学属性自 20 世纪 50 年代以来即有讨论，有三种观点：一是历史学的分支，这往往是历史学出身的研究者所主张的；二是地理学的分支，往往是地理学出身的研究者所主张的；还有主张边缘学科的。现在比较一致认为它是地理学的一个分支。目前在地理学中是三级学科，属二级学科人文地理学，受西方地理学影响，在历史学中由于传统地理学为史学的一部分，故定为二级学科。"历史地理学成为分析和认识人类社会发展问题的方法论，受当代科学研究发展潮流的影响，是历史地理学本身的学科特点所决定的。历史地理学的主要任务就是探讨历史时期的地理现象及其变化规律，因此在人—地关系问题研究中具有独特的地位。金华镇在历史演变的过程中，镇中居民的身份和数量的构成，自明代人数增加后，到了清代人数最多，直至今日人口有所减少，从而揭示出了明清时期金华镇民居建筑建造和改变的原因。而根据明清时代金华镇地理和位置的变化，也可以判定该镇选址及村落位置选址的影响条件。

1.4　研究框架

本书分为 7 章。

第 1 章，绪论。

第 2 章，概述金华镇古民居的研究现状，了解国内近十年来民居研究历程和国内民居研究现状，对以后民居研究的展望。这些都是作为研究金华镇民居的前提和背景，为研究的方式和方法提供借鉴。

第 3 章，历史沿革与宗教文化背景。了解剑川历史沿革和金华镇历史沿革、金华镇的历史背景、历代的变迁及其演变、各民族渊源及源流（其中提及白族的源流）、宗教文化等。以上是形成金华镇居住建筑的历史和文化因素，特别着重研究金华镇的自然地理环境状况、地理地貌特征和气候特征等，这些都是影响其居住建筑的另外一个因素。

第 4 章，金华古镇的构成和典型居住建筑实例。分析包含对古镇的要素组成的分析，要素包含建筑、自然、人口等；对古镇的格局分析，从选址、当时古镇的具体形制、古镇的历代维修及现在的街巷布局，得出古镇的布局特点，这些关系到居住建筑的划分、格局等。金华镇早期典型居住建筑的实例，如明代居住建筑（文人世家）何氏家族旧居、明代居住建筑（武将世家）赵将军府邸及清代居住建筑（文人世家）忠义巷 11 号（三苏院），根据测绘的资料和调研的数据，从每个院落的地理位置、历史沿革、院落的朝向、院落的空间关系到建筑的梁架构造、屋顶的形式、墙体的构造、地面的铺装、建筑外檐下的装修（如门、窗等）和建筑装饰（木雕、石雕、砖雕）等方面进行了论述分析。

第 5 章，金华镇的民居分析与研究。通过以上的实例分析和影响本地区的居住建筑形成和构成的因素，包括自然、历史、宗教文化及人口等因素，总结出金华镇居住建筑的基本特点。同时，还进行了纵横比较（从时间上和空间上进行比较），通过对金华镇明清两个时代居住建筑的比较，对金华镇的居住建筑与其他地区的居住建筑的比较，从而得出更为深刻的本地区居住建筑的特点。

第 6 章，金华镇居住建筑的价值及其发展前景。解析金华镇居住建筑的价值，包括对历史、文化、社会及艺术价值的评估，展望其发展前景，得出其存在意义，为以后居住建筑的保护利用、维修及更新提供一些资料。

第 7 章，结论。

课题的研究目的及研究现状

↓

金华镇的历史沿革

↓

金华镇建筑群的形态及文化特征 ← 金华镇的现状分析 → 居住建筑的形态及文化特征

古城的格局特点

街巷的布局特点

构成城镇的主要因素

金华镇格局特点住建筑特点的影响对单体居住

居住建筑的特征

影响建筑的因素分析

建筑的布局、朝向等特点分析

与其他地区居住建筑特点的比较

↓

金华镇居住建筑的价值及其存在意义

↓

结　论

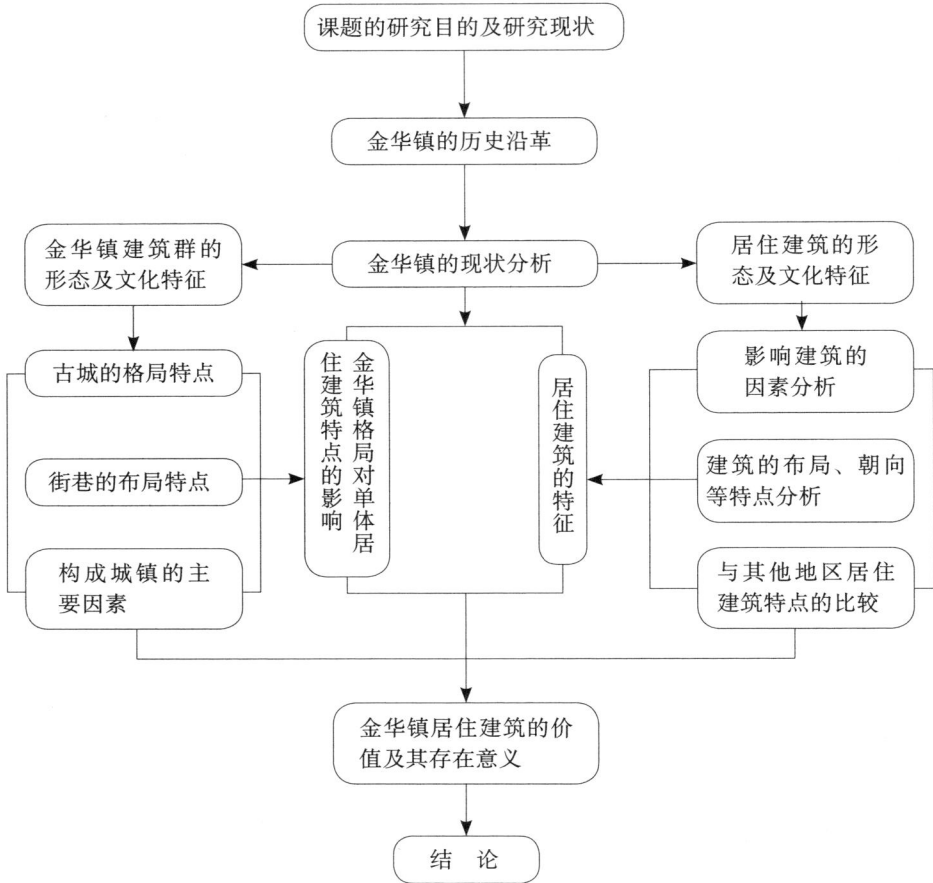

图1-3　研究框架图

第2章　国内外民居现状

2.1　民居的内涵与外延

民居概念涵盖内容比较广泛。它不仅包含住宅以及由此而延伸的居住环境，而且和聚落这个词汇息息相关。聚落不单是指整个聚落中的单体建筑和与之相关的建筑设施、生活设施等。笔者认为民居是单体居住建筑和整体建筑群相互联系形成一个有机的整体的生态环境。民居建筑是最接近人们的建筑，它们的产生是源于人们居住本性的要求，由于它们的平凡，在通常的研究中会忽略它们的重要性和特殊性。但有很多地方的民居建筑仍反映着一种研究者所没有见到的或是失传了的传统文化（包括工艺、装饰等与之相关的建筑及文化因素），而这些为研究提供了丰富的素材，这些素材为今后建筑设计者的创作与发展提供了依据和方向。

云南是一个多民族的地区，气候和地形地貌的复杂导致了其境内建筑的多样化。

云南剑川县金华镇民居由于地理位置的特殊性以及历史的各种原因，形成了一种特殊的建筑和建筑群及聚落形态。

2.1.1 民居定义

人们对于"民居"这个词语的界定，向来是百家言。每个人都从不同的角度去理解和定义民居，不能说孰对孰错。因此，本书开篇将历代有关民居的记载简单梳理。

《礼记·王制》记载："地邑民居，必参相得也。""辨十有二土之名物，以相民宅，而知其利害，以阜人民，以蕃鸟兽，以毓草木，以任土事。"

《水经注·泗水》："左右民居，识具将满。"

《新唐书·五行志》："徐州火延绕民居三百余家。"

《天工开物·陶埏》："凡埏泥造砖，亦掘地验辨土色，或蓝，或白，或红，或黄，皆以粘而不散、粉而不沙者为上，汲水滋土，人逐数牛错趾踏成稠泥，然后填满木匡之中，铁线弓戛平其面，而成坯形，凡郡邑、城雉垣墙所用者，有眠砖侧砖两色……"

从以上古代文献中的记录可以看出，自古以来人们对民居的定义，向来就没有确切说法。《中国大百科全书》中将民居定义为"宫殿、官署以外的居住建筑"。而"民居"一词，最早来自《周礼》，是相对于皇居而言的，统指皇室以外庶民百姓的住宅，其中包括达官贵人的府邸院宅。但是近年来，人们对民居概念的理解就更加透彻，通常民居被定义为"本土的""自发的"，是由本地居民参与的适应自然环境和基本功能的营造。

古民居作为乡土文化的载体，具有重要的认知价值，同时具有审美欣赏与情感价值、使用价值，还有为当今建筑创作提供智慧的价值。要清楚、真切地了解我国历史上的宗法社会、耕读文化，就必须置身于古民居中。古民居综合了社会、文化等各方面的错综复杂的关系，研究古民居就是从物质层面上探索民居聚落成长、发展、衰退的成因。传统聚落研究的目的还在于开发传统聚落本身所蕴含的价值。作为乡土社会的基本单元、重要成分和载体，传统聚落是农民、手工业者、商人和在乡知识分子的生活环境，是他们千百年来赖以生存、辛苦劳作的家园，它几乎蕴含了宗法时代乡土文化和乡土生活所有方面的内容。而乡土文化是中国传统文化的"另一半"，没有乡土文化的中国文化是残缺不全的，没有乡土建筑的中国建筑史也是残缺不全的。

2.1.2　本课题研究范围界定

本书所指的"明清时期"民居是一个狭义的概念，是相对于特定地点、特定时间、特定区域所设定的特定的概念。它是指整个金华镇历史发展时期中的一个历史片段，即指传统编年体的"明、清"两个时期的民居建筑，这两个时期也是整个金华镇民居的一个重要组成和发展时代。由于金华镇始建的年代推测为唐代，但随着时间的推移，加上其他因素的影响，造就了现存居住建筑太多为明代和清代的民居建筑。这些所遗存下来的建筑物，无论从形态、布局、装饰、结构等方面都存有这两个时代的建筑特征。笔者认为目前存在的明清建筑是整个金华镇时代较早的民居建筑，如若再向前推算和判定，建筑的始建时代难以辨别。

本书试图从云南剑川县金华镇明清古民居建筑的历史、地理、村镇布局、建筑形制、建筑尺度、建筑文化、建造技艺、建筑装饰等方面进行探讨和研究，并结合国内古民居建筑特色进行比较分析，探析出云南剑川县金华镇明清时期古民居的建筑特色，如对建筑格局、历史渊源、民居文化、建造技艺等做出较为切实的探析。同时，本书根据现有院落，通过描述其构成、总结其特点、挖掘其内涵，为保护现有同一地区的民居提供了基础资料，并以此为依据为维修和保护濒临倒塌的古代建筑提供修复性建议。

2.2 国外民居研究现状

1964 年 5 月，国际文物工作者理事会（ICOMS）在威尼斯召开会议并通过了《国际古迹保护与修复宪章》（《威尼斯宪章》），提出了"历史古迹的概念不仅包括单个建筑物，而且包括能从中找出一种独特的文明、一种有意义的发展或由一个历史事件见证的城市或乡村环境""凡传统环境存在的地方必须予以保存，决不允许任何导致改变主体和颜色关系的新建、拆除或改动"。这些都说明，对于历史文物建筑必须在严格控制下妥善使用合理的方法来维护和保存，并且使之长久地传于后代。但是在新的环境，在不改变历史事实的情况下，我们还要赋予文物建筑以新的活力。

1976 年 11 月，联合国教科文组织（UNESCO）在内罗毕通过了《关于保护历史的或传统的建筑群及它们在现代生活中的地位的建议》（简称《内罗毕建议》）。《内罗毕建议》指出，"历史地区为文化、宗教及社会活动多样化和财富提供了最确切的见证，保护历史地区并使它们与现代社会生活相结合是城市规划和土地开发的基本因素""而遗产是社会昔日的生动见证，对于人类和对那些从中找到其生活方式缩影及其某一基本特征的民族，是至关重要的"。1994 年体现《威尼斯宪章》的《奈良宣言》（全名《奈良真实性宣言》）指出"保护一座文物建筑，意味着要适当地保护其环境。任何地方，凡传统的环境还存在，就必须保护""文化和遗址的多样性是跨时空存在的，需要得到各种文化和信仰的尊重"。国外民居的研究起步较早，并且能够进行整体性的研究和保护。通过以上的各类宪章分析，我们可以清晰地了解到国际社会对于民居建筑整体性保护研究的倾向性，即将古代居住建筑所在的村庄和城市环境等同于历史建筑的既存环境进行整体保护和研究，并制定出相应的保护策略和政策。

2.3　国内民居研究现状

从中国古代建筑研究的角度看，有关民居的研究相对起步较晚。因为大部分古代建筑的研究关注于法式建筑和典型古代建筑，对作为较为普通的居住建筑研究较少。国内研究古建筑是以 1929 年由朱启钤先生发起建立的"中国营造学社"为发端的。由梁思成、刘敦桢两位先辈领衔，对华北地区的古建筑做了大量的调查、测绘、研究工作，积累了科学的、详细的第一手古代建筑资料。在 1941 年，刘致平先生曾对四川民居做了不少调研。另外，刘敦桢先生于 1940—1941 年在川期间，其文稿中已提到了井干式和云南"一颗印"式民居。抗战胜利前即 1944 年，梁思成先生编写《中国建筑史》书稿时，仅在清代部分中提出有关民居的论述。总而言之，在抗战前建筑史学界对民居建筑的研究与认知是很薄弱的。[①]

真正开展对民居建筑的研究是中华人民共和国成立以后的事情。1957 年刘敦桢先生撰写了《中国住宅概说》，书中概述了中国民居的发展过程，同时列举了明清时期重要的住宅类型。与此同时，建筑工程部建筑科学研究院与南京工学院合办的中国建筑研究室的研究人员开展了两项很有意义的民居调研工作，这也为后来的皖南民居调查热潮起了带头作用。另外一项就是关于对福建客家土楼的调研，研究人员跋山涉水，测绘和积累了不少资料。还有，上海同济大学建筑系建筑研究室在多年学生测绘实习的基础上，将苏州旧住宅整理成为图录，作为内部刊行教学资料也是很有价值的。[②]

此间建筑工程部建筑科学研究院建筑理论及历史研究室也开展了相当

---

① 梁思成 . 中国建筑史 [M] . 天津：百花文艺出版社，1998：4–10.
② 刘敦桢 . 中国住宅概说 [M] . 天津：百花文艺出版社，2004：6–20.

规模的民居研究，如王其明女士主持的"北京四合院"研究①，刘致平先生的"内蒙古陕甘古建民居"的调查等，普及范围为陕南、关中、苏州、湘南、湘西、浙东、晋中、江西吉安及广西壮族、云南白族、湘黔桂的侗族、羌族、藏族居住地等10余个地区。他们还展开了对江浙地区的民居调查，走访和测绘了杭州、嘉兴等20余县的村镇。②

真正大规模开展民居研究是在改革开放以后，即20世纪80年代后。经济发展带动了文化的复苏。以前有些尚未出版的稿件得以问世，同时各地研究论著涌现，出版了不少地方性的民居专著。有些书籍还专论了艺术装饰等方面的内容，还有一批摄影家也参与到民居研究中，而陈志华、楼庆西老师则带领学生另辟蹊径，调查并出版了不少关于村镇、聚落的项目，将民居研究内容放大到社会群体角度。迄今为止，在建筑刊物上发表的及高校研究生有关民居的论文更是不胜枚举，估计达到了2000篇以上。这个时期也是古民居研究队伍不断扩大的时期。总之，民居研究有了长足的发展，呈后来居上之势。

综上所述，从民居研究现状来看，研究既有成绩，也有不足。这些资料的展示表明了社会各界对民居的认识，即认识到重要的民居建筑及历史街区（包括历史村镇）是不可再生的重要文化遗产。但是从当时的保护现状来看，公布的名单中除了少数革命先烈的故居外，几乎很少有历史性的民居建筑，发展到后来，公布的历史性民居建筑数量增多，体现了国家对民居建筑的重视程度。其最大的成绩表现在研究项目内涵的深化方面，过去注重对单体建筑的研究，现今则进一步研究成区成片，甚至细致入微地全面了解民居建筑中与生活有关的建筑及其相互的关联。同时研究不单从

---

① 王其明.北京四合院［M］.北京：中国书店，1999：10–16.

② 李秋香，罗德胤，贾珺，等.中国民居五书套装（北方·西南·赣粤·浙江·福建全5册）［M］.北京：清华大学出版社，2013.

建筑学及规划学角度着手，还引入了社会学、景观学、文化地理学等学科概念，以期成为全面剖析民居生成的内在原因。①

表 2-1 中国民居研究现状表（2011—2015）

研究文献数量	研究年份				
	2011 年	2012 年	2013 年	2014 年	2015 年
期刊	9 篇	4 篇	7 篇	7 篇	4 篇
硕博论文	16 篇	39 篇（博士 1 篇）	46 篇（博士 2 篇）	48 篇（博士 1 篇）	46 篇（博士 1 篇）
会议论文	1 篇	1 篇	1 篇	2 篇	0 篇
专著	5 部	8 部	10 部	11 部	13 部

· 根据中国知网文献数据自制

通过表 2-1 可以分析，2011—2015 年，中国民居的研究者和研究专题数量逐年增加，说明该领域受到了研究者的关注，民居变为了一个专项研究的内容，成为一门系统的研究内容。在 2011 年，大部分研究较为琐碎，一般研究关注点和范围小。9 篇期刊研究内容几乎都为地区民居的现状、保护对策、价值研究及地区民居的文献研究。例如，齐绍东撰写的《后城市化进程中东北民居现状及对策研究》②，赵巧艳撰写的《中国侗族传统建筑研究综述》③ 等都是地区民居的现状研究、对策研究及传统建筑综述；16 篇硕博论文全部是硕士论文，研究内容为地区民居的建筑生态技术应用、旅游开发、建造技艺、装饰艺术的研究，如秦婧著的《中原窑

---

① 徐进亮 . 历史建筑价值评估研究——以苏州古民居为例［M］. 南京农业大学出版社，2011：30-45.

② 齐绍东 . 后城市化进程中东北民居现状及对策研究［J］. 中华民居，2011（11）：4.

③ 赵巧艳 . 中国侗族传统建筑研究综述［J］. 贵州民族研究，2011（4）：101-109.

洞文化生态研究》[1]，张继均的《广西客家传统民居旅游开发研究》[2]，乔宽宽的《徽州传统民居营造技艺现状研究》[3]；1 篇会议论文的研究内容是某地区民居建筑的能源损耗调查研究，如索晨霞等的《内蒙巴林左旗农村居民住宅能源消耗现状调查分析》[4]。专著也是地区民居研究内容偏多，如白云翔的《民居建筑史话》[5]，该书主要偏重于民居建筑历史的发展历程，从史学角度阐述了民居建筑从产生到经过不同历史时期的民居建筑发展过程；叶禾的《少数民族民居》[6]，这些分析说明 2011 年的民居研究是小范围和较为泛泛的，而且南方少数民族居地区民居较多，如云南、贵州、四川等；北方对民居的研究较少。在之后的几年间，研究范围逐渐扩大，到了 2015 年及以后，民居的研究更为细致，从建筑学、历史学、地理学、人类学、民族学、考古学等多学科进行研究，研究内容丰富多彩、覆盖面全、翔实深入。例如，由梁林的博士论文《基于可持续发展观的雷州半岛乡村传统聚落人居环境研究》[7]，该文以雷州半岛区域内 13 个乡村传统聚落为研究对象，通过实地调研、对历史文献的考证以及对既有研究和统计数据的分析，将雷州半岛乡村传统聚落的人居环境总结为"地景空间、人类行为方式、人工空间、社会空间"四个层次。数字化工具的使用，为该地

① 秦婧.中原窑洞文化生态研究［D］.郑州：郑州大学，2011.

② 张继均.广西客家传统民居旅游开发研究［D］.南宁：广西大学，2011.

③ 乔宽宽.徽州传统民居营造技艺现状研究［D］.北京：中国艺术研究院，2011.

④ 索晨霞，邓伟，黄岚，等.内蒙巴林左旗农村居民住宅能源消耗现状调查分析［A］.美国 James Madison 大学、武汉大学高科技研究与发展中心、美国科研出版社，*Proceedings of International Conference on Engineering and Business Management*（EBM2011）［C］.美国 James Madison 大学、武汉大学高科技研究与发展中心、美国科研出版社：美国科研出版社，2011：5.

⑤ 白云翔.民居建筑史话［M］.北京：中国大百科全书出版社，2000.

⑥ 叶禾.少数民族民居［M］.北京：中国社会出版社，2006.

⑦ 梁林.基于可持续发展观的雷州半岛乡村传统聚落人居环境研究［D］.广州：华南理工大学，2015.

区的领域数据化研究填补了空白。学科方面的专类研究，如彭丽君的硕士论文《基于文化地理学的肇庆市传统村落及民居研究》①，以文化地理学角度和数据化手段研究肇庆市的传统村落文化特征、文化景观的影响因素等。其他硕士论文和期刊论文已经开始从建筑的室外空间走向了民居建筑的室内环境研究，从单体建筑变为建筑群和居住聚落的研究，由建筑本体转向景观环境的研究。

云南的地方建筑丰富多彩，风格各异，特别是各区域中的民居建筑。20 世纪 60 年代以后，为了发掘民间建筑遗产、古为今用，原建筑工程部曾经通知各地建筑设计院，开展民居调查研究工作。原云南省建筑工程厅设计组织了少数民族建筑调查小组，分赴滇西、滇西南对白族、傣族、景颇族民居，先后进行了三次调查，历时一年半，编写了《云南白族民居调查报告》②《白族匠师访问记》等介绍云南古民居的报告和文章。近年来研究云南白族民居的学术较多，如赵勤的《大理喜洲白族民居建筑群》③、张崇礼的《白族传统民居建筑》④；而类似西南古建筑史的研究中也有提及白族民居建筑，如刘敦桢的《西南古建筑概况》《云南民居》⑤等。但本书不将白族民居作为研究对象，因此不赘述。

笔者虽然对云南地区的白族民居建筑做了翔实的调查，也做了测绘工作，搜集了大量的照片，但是由于人力有限和云南许多地区较偏僻，测绘那么多的建筑是我们力所不能及的，而且就是将其调查透彻，关于研究的

---

① 彭丽君.基于文化地理学的肇庆市传统村落及民居研究［D］.广州：华南理工大学，2015.

② 云南省建筑工程厅设计院.少数民族民居调查之三·云南白族民居调查报告［R］.昆明：云南省建筑工程厅设计院，1963.

③ 赵勤.大理喜洲白族民居建筑群［M］.昆明：云南人民出版社，2015.

④ 张崇礼.白族传统民居建筑［M］.昆明：云南民族出版社，2007.

⑤ 刘敦桢.刘敦桢建筑史论著选集［M］.北京：中国建筑工业出版社，1997.

展开也是很难进行的。像剑川县金华镇那样的古代居住建筑所处地段偏远，是不能轻易被发现的，甚至也是没有时间去详细了解的。由于经济发展，以及国家逐渐对古代民居建筑的重视、专业队伍的扩大、人员的增加，所以我们才能够有机会接触到金华镇的古代居住建筑，加上本地区建筑的独特性、封闭性，能够将其展示于世人，也是笔者的责任。

金华镇古代民居建筑有些已经在城镇规划改造中毁损，但其所遗留和由本地区居民自发保护下来的民居建筑数量还是很可观的，其文物价值也是较高的。事物总是有两面性，长期风吹日晒等自然力的侵蚀、人为的破坏造成了这些文物建筑的灭亡和毁损，所以应该更早地将其进行发掘和保护。

表 2-2　云南民居研究统计表

研究对象	发表时间			
	2011 年（篇）	2013 年（篇）	2016 年（篇）	2017 年（篇）
建筑装饰艺术研究	9	6	3	2
建筑空间研究	5	7	5	5
民居比较研究	2	2	1	1
民居建筑形制研究	5	3	2	5
建筑结构研究	4	16	18	4
民居改造研究	3	10	20	6
照壁研究	1	0	0	0
建筑文化与旅游	1	7	9	2
少数民族民居建筑研究	6	8	3	1
规划设计研究	3	1	5	0
环境研究	1	5	3	5
建筑哲学	0	0	0	1
景观设计	0	1	4	3

· 根据中国知网文献数据自制

此外，国内对云南民居进行研究的研究者非常多，该方面的研究文献和资料也很多。根据表 2-2 的分析可以得出：2011 年到 2017 年间，对云南民居建筑的研究论文数量在 350 篇以内。2013 年、2016 年研究论文数量都超过了 65 篇，是这几年的高峰，而 2017 年研究论文数量减少到 36 篇。2017 年 1 月 1 日，北京大学聚落研究小组和云南省城乡规划设计研究院联合出版了一套书籍《云南民居》（全三册）[①]，该书按云南南部、西部与北部、东部与中部划分三个部分 39 个村落民居建筑为研究对象，从村落形态、村落布局、生态环境、典型合院建筑等各个层次剖析云南民居，是较为全面的云南民居研究的一手资料。因此，推测 2017 年对于该地区的民居建筑研究已经非常全面和深入。

笔者截取了 2011 年、2013 年、2016 年、2017 年几个时段分析云南民居建筑的研究，发现对建筑装饰方面的研究逐渐减少，特别是合院内的照壁、屋顶装饰、石雕、木刻等，而对建筑结构和建筑改造的研究越来越多，说明从理论研究逐步跨越到实践性研究；对建筑形制的研究相对较少；对建筑空间的研究相对平稳；对少数民族民居的研究逐渐减少；从对单体建筑研究扩展到对环境、规划和景观的开阔研究范围中。例如，2011 年的研究多偏重于对建筑本体空间的研究，至 2017 年由民居建筑空间研究转向空间形态的比较研究，如贾东、李丽的《泸沽湖摩梭民居院落空间研究》[②]（2011 年），林敏、王锡黔的《云南合院式民居的复合空

[①] 北京大学聚落研究小组，云南省城乡规划设计研究院 . 云南民居［M］. 北京：中国电力出版社，2017.

[②] 贾东，李丽 . 泸沽湖摩梭民居院落空间研究［C］// 中国建筑学会建筑史学分会、中国科学技术史学会建筑史专业委员会、兰州理工大学设计艺术学院 . 建筑历史与理论第十一辑（2011 年中国建筑史学学术年会论文集——兰州理工大学学报第 37 卷）. 中国建筑学会建筑史学分会、中国科学技术史学会建筑史专业委员会、兰州理工大学设计艺术学院：中国建筑学会建筑史学分会，2011：166–171.

间》①（2011 年），龚云的《少数民族古镇民居建筑空间形态比较研究——以云南大理地区白族和回族民居为例》②（2017 年）等。

此外，由本体建筑、建筑群研究转向建筑意向和哲学的研究，如韩菡的《云南大理喜洲民居建筑哲学研究》③，该论文从技术观念的视角论述建筑形制、建筑技术对于传统文化的传播途径，文化对人们建造观念的影响，最终目标是希望通过现象方法调查以期获得传统文化在现代建筑设计中的应用。清华大学潘曦的《纳西族乡土建筑建造范式研究》④，虽然以云南纳西族的民居建筑为研究对象，但是更多的是从哲学思维上，深描和记录了当地建造活动中的技术范式、人际范式和精神范式。技术范式即人和物的关系，包括建造的筹划、备料、施工及匠作特点；人际范式即人和人的关系，包括建造中工匠与工匠、工匠与户主、户主与乡邻间的互动，以及集体和国家制度对乡土建造的影响；精神范式即人与超自然力量的关系，包括建造中的仪式、禁忌，以及习俗与建筑的交互。典型性地区的民居研究较多，如吴艳、单军的《地区民族建筑的空间言语研究——以云南大理民居为例》⑤，刘学的《云南合院式民居地区传统段落

---

① 林敏，王锡黔.云南合院式民居的复合空间［J］// 建筑与文化，2011（8）：32-36.

② 龚芸.少数民族古镇民居建筑空间形态比较研究——以云南大理地区白族和回族民居为例［J］.住宅与房地产，2017（27）：18，118.

③ 韩菡.云南大理喜洲民居建筑哲学研究［J］.艺术教育，2017（Z6）：246-247.

④ 潘曦.纳西族乡土建筑建造范式研究［D］.北京：清华大学，2014.

⑤ 吴艳，单军.地区民族建筑的空间言语研究——以云南大理民居为例［C］// 国际人类学与民族学联合会、中国民族建筑研究会.族群·聚落·民族建筑——国际人类学与民族学联合会第十六届世界大会专题会议论文集.国际人类学与民族学联合会、中国民族建筑研究会：中国民族建筑研究会，2009：81-91.

形态类型研究》①，车震宇、王茵茵的《20余年来一个白族聚落从村落向小城镇演变的研究——以大理喜洲为例》②，李正清的《大理喜洲文化史考》。③

2.4　剑川民居研究现状

上文分析的国内民居的研究现状，多聚焦于对云南地区民居的研究。然而，客观地分析后不难发现，以上研究存在着不足之处，很多地区和研究内容尚欠深入。一方面是因为资金方面的匮乏，另一方面是因为人力资源的不足，这两方面主要造成对剑川古民居的研究存在不足或是涉及不到。而剑川县金华镇古民居也因这些原因而无法向世人展示。在笔者的课题研究之前，曾有一位当地的先生调查过金华镇多座古代民居，但因专业的限制，其对民居建筑本体的研究较少或不够翔实，图片质量较欠缺。至19世纪50年代，古镇的开发造成了部分民居建筑的毁损，致使较多古代民居建筑的形制、结构、装饰等受到了二次破坏，这样增加了我们对剑川古民居研究的难度。

---

① 刘学.云南合院式民居地区传统聚落形态类型研究［C］//国际人类学与民族学联合会、中国民族建筑研究会.族群·聚落·民族建筑——国际人类学与民族学联合会第十六届世界大会专题会议论文集.国际人类学与民族学联合会、中国民族建筑研究会：中国民族建筑研究会，2009：154–160.

② 车震宇，王茵茵.20余年来一个白族聚落从村落向小城镇演变的研究——以大理喜洲为例［C］//国际人类学与民族学联合会、中国民族建筑研究会.族群·聚落·民族建筑——国际人类学与民族学联合会第十六届世界大会专题会议论文集.国际人类学与民族学联合会、中国民族建筑研究会：中国民族建筑研究会，2009：165–173.

③ 李正清.大理喜洲文化史考［M］.昆明：云南民族出版社，1998.

基于以上原因，本文对剑川地区的古民居和居住文化等现状研究进行了再梳理和再聚焦。首先，从专家学者编纂和专著的书籍入手，对剑川县、金华镇的古城、民居建筑的研究进行了以下梳理。

最早的研究者当属本地学者张笑，其主编了《剑川县志》《剑川年鉴》《云南省历史文化名城剑川：古建精粹》①《走近香格里拉的大门——剑川》《剑川木雕》等，曾有《滇藏茶马古道上的历史重镇》②等论文发表于省级以上刊物。张笑是较早提出对剑川古城实施保护的先行者，也是其将剑川古城、沙溪寺登街史料、图片报送世界建筑遗产基金会的践行者。可以说张笑为确保沙溪寺登街入选世界建筑遗产名录，为剑川古城申报为云南省历史文化名城，为剑川西门街区明代古建筑群列为全国重点文物保护单位做出了特殊贡献。③

《剑川县志》中考据了剑川各民族的源流，对居住习惯和习俗略做介绍。④但《剑川县志》的著述尚存问题，即内容过于偏重民族研究，而忽略了历史渊源、城市格局、城市人口、经济、交通、水利、地理等方面的资料积累和呈现，使得县志的参考价值降低。

《云南省历史文化名城剑川：古建精粹》通过图片与少量文字记录了剑川古城内的多座古建筑，其中有公共建筑群与建筑，还有居住建筑。

《白族民居中的避邪文化研究·以云南剑川西湖周边一镇四村为个案》⑤，该书主要以云南剑川白族西湖周围聚居区域为研究对象，关注该地

---

① 张笑.云南省历史文化名城剑川：古建精粹［M］.昆明：云南民族出版社，2004.

② 该文章未见原版本。

③ 寸丽香.白族人物简志［M］.北京：中国民族摄影艺术出版社，2009：310.

④ 云南省剑川县志编纂委员会.剑川县志［M］.昆明：云南民族出版社，1999.

⑤ 张春继.白族民居中的避邪文化研究·以云南剑川西湖周边一镇四村为个案［M］.昆明：云南大学出版社，2009.

区的文化生态，着重分析了白族民居中的辟邪文化，如最具代表性的辟邪图像、仪式、习俗等，共同构筑了白族辟邪文化的体系。而"辟邪"的意识形态和动向，是复合型文化的表征。以文化为载体，该书关注辟邪文化的起源、发展、形式等，从而构建了该地区的辟邪文化体系。

《人类学视野中的剑川白族民居》[①] 多从种族、人群、聚居起源等视角对剑川地区民居的形成背景、民族构成、风俗习惯、民族信仰和各类居住观念进行全面剖析。研究方法多采用人类学的调查、访谈等田野调查手段，结合描述性研究语言表达方式对剑川地区居住习惯进行解析。以此揭示出剑川白族传统居住文化中的内核思想：栖息地诗意化、礼仪教化的居住习惯，建筑装饰符号广泛应用、信奉多神、自然与人文和谐共生的居住环境。

《白族民居》[②] 以大理地区传统民居为研究对象，从民居的发展历程、建筑类型、选址与结构、营造方式、功能意义、文化内涵、审美扩展到整体居住建筑群的形态、风貌和村落的类型、公共建筑物、集镇形式，并对白族民居的未来建造提出了新的期望，其中在"永恒经典建筑群代表"中将剑川县金华镇做了一个整体概述。

《剑川——梦与激情抵达的地方》[③] 主要以图片形式展示了剑川地区的古城镇面貌，其中在"三江名镇剑川古城"里对古城内的整体风貌、建筑群、建筑进行了展示。

《探寻大理古国》[④] 主要侧重挖掘大理的历史形成和背景，对于剑川地区的研究仅简略提及，没有过多的研究。

---

① 杨晓.人类学视野中的剑川白族民居［M］.北京：民族出版社，2013.
② 董秀团.白族民居［M］.昆明：云南大学出版社，2006.
③ 张文.剑川——梦与激情抵达的地方［M］.昆明：云南人民出版社，2004.
④ 林齐模.探寻大理古国［M］.北京：华龄出版社，2010

其次，研究人员在期刊中发表关于剑川地区古城、建筑，包括金华镇民居院落、建筑形态等方面有论文如下：

2007 年，王薇的《影响金华镇民居建筑形态的因素》①《以剑川金华镇何氏院落为例谈古民居建筑要素》②《云南金华镇清代民居建筑木雕装饰艺术——以金华镇忠义巷 11 号为例》③，这 3 篇文章以金华镇的古民居建筑为研究对象，从建筑形态、建筑构成要素、建筑装饰三个方面入手，对金华镇的民居建筑进行了剖析和解释。

李鹤仙的《古城古韵写沧桑——封面大理 16 个国家级重点文物保护单位之剑川古城明代古建筑群赏释》④，以剑川古城中明代建筑群为主要关注对象，运用了图片形式展示了该建筑群的状态。中华民居编辑部展示的《剑川木雕的前世今生》⑤中也大量应用图片，侧重展示古建筑装饰和木雕的状态和效果，但对于民居建筑本体分析的内容较少。

一些文章多关注于剑川古城规划、格局、街道、景观的调查与研究。例如，欧燕生的《穿过时间的巷道：剑川古城》⑥、张笑的《剑川古城的风貌格局与民居建筑》⑦、吴晓敏等的《云南剑川白族城镇景观

---

① 王薇.影响金华镇民居建筑形态的因素［J］.云南建筑，2007（3）：14-16.

② 王薇.以剑川金华镇何氏院落为例谈古民居建筑要素［J］.山西建筑，2007（07）：70-71.

③ 王薇，冯柯.云南金华镇清代民居建筑木雕装饰艺术——以金华镇忠义巷 11 号为例［J］.美术大观，2008（6）：132.

④ 李鹤仙.古城古韵写沧桑——封面大理 16 个国家级重点文物保护单位之剑川古城明代古建筑群赏释［J］.大理文化，2008（2）：1.

⑤ 中华民居编辑部.剑川木雕的前世今生［J］.中华民居，2008（10）.

⑥ 欧燕生，普艺.穿过时间的巷道：剑川古城［J］.今日民族，2009（2）：65-67.

⑦ 张笑.剑川古城的风貌格局与民居建筑［J］.大理文化，2013（12）：105-111.

特色调查》①、刘鑫等的《南天瑰宝：剑川古城》②、张笑的《古道上的名城——剑川古城》③、秦庆秀的《大理剑川古城西门街古建筑群空间格局分析》④。

此外，由黄俊香等著的《浅析剑川白族民居建筑中门的雕刻装饰艺术》⑤针对剑川白族民居建筑中门的雕刻装饰做了剖析。付元凤的《剑川古城的保护性开发研究》⑥及赵丽彩的《剑川古城、西门街古建筑群的保护及档案收集利用的几点思考》⑦两篇论文对剑川古城的保护与开发做了深入的剖析，并提出了建议和思考。高洁、杨大禹的《云南通海、剑川匠系民居木构架特点比较研究》⑧，借助比较研究法，对通海、剑川两个地区的民居某构架特征进行了解析。

以上书籍和论文的呈现，要么以大理地区为整体研究背景，要么以白族族群民居为整体研究对象，有几个关键词汇勾勒出研究地图，即白族、大理、文化、剑川，研究方法多以人类学的访谈、观察或者现状图片的形

———————————

① 吴晓敏，管毓斌，刘文敏，等．云南剑川白族城镇景观特色调查［J］．山西建筑，2013（29）：7-9.

② 刘鑫，杨霖霞．南天瑰宝：剑川古城［J］．云南建筑，2015（3）：179-185.

③ 张笑．古道上的名城——剑川古城［J］．大理文化，2016（4）：103-112.

④ 秦庆秀．大理剑川古城西门街古建筑群空间格局分析［J］．中国住宅设施，2020(3)：38-39.

⑤ 黄俊香．高宇．浅析剑川白族民居建筑中门的雕刻装饰艺术［J］．建筑工程技术与设计，2015（34）．

⑥ 付元凤．剑川古城的保护性开发研究［J］．大众文艺，2018（11）：225-226.

⑦ 赵丽彩．剑川古城、西门街古建筑群的保护及档案收集利用的几点思考［J］．城建档案，2017（9）：36-38.

⑧ 高洁，杨大禹．云南通海、剑川匠系民居木构架特点比较研究［J］．新建筑，2019（3）：119-123.

式展示于世人，而对于剑川金华镇古镇格局、建筑组成、建筑单体、居住特点等内容的研究尚处于欠缺状态。

2.5　本章小结

本章主要是以云南剑川县金华镇古民居为主要研究对象，因其跨越时间和空间区域的原因，对其进行了两个维度的限定。时间维度基本以民居的源流作为起点，限定于明清两个时期；而对象界定的空间区域主要在剑川县金华镇西门街、南门街一带（在第四章中列举了五座典型古民居建筑，如何氏宗族旧居、赵将军府邸以及三苏院，这五座民居建筑代表了金华镇古民居的建筑典范）。

本章还对国内外民居研究现状做了梳理，特别是剑川地区的民居研究现状。国外民居研究基本纳入古代名城、传统名镇中的整体保护构架体系中，采用各类保护宪章、整体保护、整体开发等方式进行全面保护，并制定相应的保护手段和细则。国内民居研究分阶段性，由片面化、局部化的就本体研究走向全面化、整体化的研究，并以此派生出多类研究体系，如按照中国地理地域分布，划分出西北民居、西南民居、华北民居等体系。剑川民居的研究相对处于较为落后的情况，主要在于以下几点：一是，该地区古民居的知名度相对较低，没有较广的关注度；二是，该地区交通欠发达，造成了众多研究者的通达困难；三是，前期过度开发造成民居建筑价值降低以及原真性的辨识度低。研究者多关注整体古城格局、规划方面的研究，而忽视了对建筑本体，如结构、装饰、文化、营造技术等进行进一步的深入研究。

目前该地区民居建筑的保护面临多重困难，一是该地区经济发展较为缓慢，导致本地区人口外迁，很多古民居得不到修缮也没有被保护利用，故造成了古民居建筑的加速消亡；二是经历过前期的无序开发后，本地古民居建筑遭到二次破坏。对于发展和保护这一主题，人们永远存在着较多的矛盾，协调统一、解决两者之间的利益冲突是该地区古民居保护发展的根本与关键问题。

第 3 章　剑川县与金华镇历史地理概况

3.1　自然地理概况

　　剑川县位于云南省西北部的大理白族自治州北部，境内有高山、平坝、丘陵、河流、湖泊和温泉。地处横断山脉中段，青藏、滇缅"歹"字形构造体系与三江褶皱带复合部南缘，东邻鹤庆，南接洱源，西连兰坪，北望丽江，西南角与云龙县交错。地跨东经99°33′~100°33′，北纬26°12′~26°41′，东西横距58千米，南北纵距55千米，东部较窄，西部稍宽，呈不规则的矩形，总面积为2500平方千米。全县山原面积占90%以上，盆地占7%，其余为湖泊、河流。[①]（见图3-1）

---

① 云南省剑川县志编纂委员会. 剑川县志［M］. 昆明：云南民族出版社，1999：21.

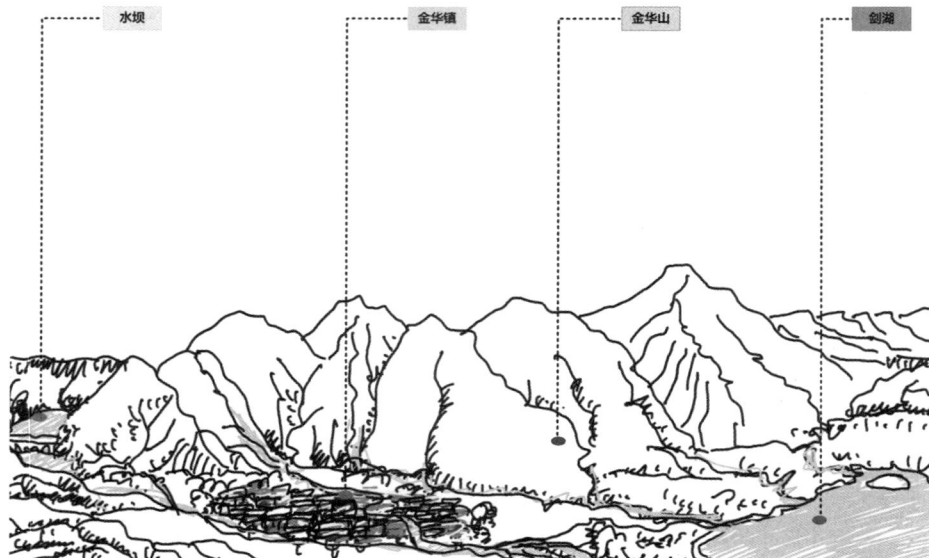

图 3-1 剑川地形地貌复原分析图

　　剑川山川秀丽，地势西北高、东南低，东部、中部、西部大致为高山山地地带，山脉、河流呈南北向分布。县境东北金华坝镶嵌着高原明珠——淡水湖泊剑湖。高山、山地之间的盆地、河流间杂分布，形成山峦起伏、纵谷幽深、河川交错的地貌。

　　剑川周边主要的山脉有老君山、雪斑山、盐路山、金华山、大脊岭、白山母、华丛山等，主要的河流有金龙河、永丰河、格镁江、羊岑河、黑注江、弥沙河、象图河等，均属澜沧江水系。最主要的湖泊为剑湖，位于剑川坝东南角，汇金龙河、永丰河、格渼江等诸水潴积成湖，为黑潓江之源。剑湖常年水域面积 7.5 平方千米，仅次于洱海，为大理白族自治州境内第二大淡水湖。在山峦之间，东西向之石罗摩山、印鹤山、新松山、三甸坡、千柏山等支峰横隔，构成剑川坝、沙溪坝、上兰坝、马登坝、羊岑坝，以及桃源、弥沙、象图等川谷。山地面积占全县总面积的 91.2%，干坝及川谷面积占 7.6%，其余为水域面积。[①]（见图 3-2、图 3-3）

图 3-2　剑湖速写（1）

图 3-3　剑湖速写（2）

剑川处于低纬度高海拔地区，受印度洋季风气候影响，干湿两季分明，属南温带高原型季风气候。受海拔高差及地形地势影响，呈立体环境型气候，有"一山分四季，隔里不同天"的特征。年温差小，日温差大，夏无酷暑，冬无严寒。年均降雨量 731.1 毫米，年均日照 2368.6 小时，年平均霜降 165 天。有晚霜重冻、降温过早、干旱、洪涝、冰雹等自

---

① 云南省剑川县志编纂委员会 . 剑川县志［M］. 昆明：云南民族出版社，1999：23.

然灾害天气，为地震多发地带。金华镇气候属南温带温凉区，年平均气温12.3℃，1 月均温 4.3℃，7 月均温 18.7℃，年平均降水量 751 毫米，无霜期 205 天左右。[①]

金华镇位于县境东北部，金华坝西北与金华山北麓交接地段。南距大理白族自治州首府大理市下关镇 126 千米，东南距省会昆明市 526 千米。东部、北部与东岭乡接壤，西部与羊岑乡交界，南部与甸南乡相邻，地势西北高东南低，海拔 2195 米（以十字街口为标准），全镇总面积 318 平方千米。

3.2 剑川历史概况

关于"剑川"一名的来历众说不一。本着"诸说并存，录以待考"原则，各种说法按顺序引列，以待考证。名称由来："剑川"二字作为地名，最早出现于文献典籍中，是在唐代刘肃所撰的《大唐新语》一书，其中记载："唐中宗神龙三年（707）遣御使唐九征率兵出永昌，与吐蕃大战于漾、濞二水之上，所战皆捷，命管记间邱均纪功'勒石于剑川'。"另一为《南诏德化碑》记述唐玄宗开元二十四年（736）"与中使王承训共破剑川"等语。由是观之，"剑川"一词作为地名，最迟在公元 7 世纪末 8 世纪初出现并开始流传。[②]（见图 3-4、图 3-5）

---

① 云南省剑川县志编纂委员会. 剑川县志［M］. 昆明：云南民族出版社，1999：23.
② 云南省剑川县志编纂委员会. 剑川县志［M］. 昆明：云南民族出版社，1999：30.

图 3-4　历史上的剑川古城（1）

图 3-5　历史上的剑川古城（2）

据史料记载，战国时期此地为哀牢国属地。西汉属益州郡叶愉县（大理古名）。东汉地处永昌郡比苏、遂久之间。蜀汉属廉降都督云南郡。东晋、南北朝处于宁州东、西河阳郡之间。唐初属剑南道姚州都督府，介于眉邓州、洪郎州之间。自唐玄宗开元二十六年（738）以后，皮罗阁统一六诏，成立了以西洱河地区为中心的南诏国。原邓赕、浪穹、施浪三诏北退至今地，联剑川矣罗识诏或族建立"剑浪诏"，与南诏抗衡。唐德宗贞元九年（793），异牟寻收复铁桥（今巨甸）以南大片土地，设剑川节度（治所在铁桥），剑川属剑川节度辖。后晋天福二年（937）以后，段氏建立了大理国，在境内设置"义督睑"，仍从剑川节度辖。宋大理国属谋统府，元至元八年（1271），设剑川县，属鹤庆路军民总管府。元初下大理，在鹤庆置鹤庆路军民总管府，剑川以"义督千户"属之。元世祖至元十一年（1274），改鹤庆路军民总管府为鹤州，改义督千户为剑川县，属鹤州。元至正末（1370），设剑川州。此后明、清两代五百多年间，剑川均置州，治所也一直在金华镇，只是政权性质有所变化。明洪武十五年（1382）改设剑川县。明洪武十六年（1383），剑川复为州，属鹤庆军民府。明洪武二十三年（1390），在剑川设流官，开始"以流为主，土流合治"时期。到明永乐间，改为"以土为主，流土合治"，此例一直沿袭到清初雍正年间，结束了"土官"统治的局面。清乾隆三十六年（1771）降鹤庆为州，与剑川州同属丽江府。

1913 年，剑川由州降为县，隶"腾越道"。1920 年，改为"迤西观察使"。1929 年后，全省撤道，直隶省辖。1932 年，属云南第九政务视察区。1934 年，属云南第十政务视察区。1938 年，属云南第十四政务视察区。1944 年，改属丽江行政督察专区。1947 年，属云南第十行政督察区。1949 年，属滇西北行政专员公署。1950 年，属丽江地区行政专员公署。1956 年，经云南省人民政府批准，将原属兰坪县之上的兰富乐等 11 个行政村、30 个自然村划归剑川县，同时剑川改属大理白族自治州。1958 年11 月，并剑川、洱源、邓川 3 县为大县，称为剑川县，治驻洱源三营。1960 年 10 月，大县撤销，恢复原剑川县建制，同时将 13 个行政村、122 个自然村从剑川割出，划归洱县。此后，剑川之建制、隶属、版图不再有大的变动。截至 2000 年底，县内分设 5 镇 4 乡，共辖 65 个村民委员会、3 个村级镇办事处，25 个行政村，共辖 406 个自然村。[①]

3.3　金华镇历史概况

历史上的金华镇不仅名称、州治、行政区划都有所变化，且其位置也有相应变动。曾于唐代、宋代、明代建过三座城池：罗鲁城、望德城、剑川城。剑川第一座城池建在今甸南上下登（古称上下墩，又称瓦窑村）一带，史称"罗鲁城"（见图 3-6）。剑川第二座城池建在今甸南西湖村

---

① 云南省剑川县志编纂委员会编纂.剑川县志［M］.昆明：云南民族出版社，1999：31.

（水寨）所在地（见图 3-7）。剑川第三座城池在今金华镇所在位置（见图 3-8）。

图 3-6　剑川的第一座古城——罗鲁城遗址

图 3-7　剑川的第二座古城——望德城遗址

图 3-8　剑川的第三座古城——金华镇（民国时期）

金华镇原名柳龙冲，因其地区内的柳树林形如长龙而得名。"金华"源于城西金华山之名，"其双峰交锁，形如金字，故名"。金华镇坐落于剑川坝（俗称金华坝）中部西缘，元末即在此设治，是古代滇西北重要城镇之一，是全县的政治、经济、文化中心。

元至正末年剑川首次设州，将州治定于柳龙冲（今县城金华镇的北门街）。明太祖洪武初年（1368）剑川州移至此，此后这里便作为剑川州

（县）的治所，历时六百多年。明洪武十三年（1380）起，剑川县（州）治逐渐北移。明洪武十六年（1383），土官杨隆曾将州治移至原罗鲁城旧地。明洪武二十二年（1389）剑川州（副州官）选择州治地址，定在了今县城西北部的柳龙冲，从此剑川的政治中心即定居于此。至明洪武二十三年（1390）州判赵彦良复移州治于柳龙冲，剑川治所才正式确定在现在剑川古城的位置，并随着州治的确立，逐渐扩大。乾隆三十五年（1770），剑川州改属丽江府辖，此地称为"城图"。1931年剑川改为县，"城图"改为剑川县第一区，1930年第一区改为"金华镇"。至此，"金华镇"即成为该地专用名称。[①]1949年剑川解放，金华镇改属剑川县第一区。1952年土改建乡后改设金华镇。1958年至1961年分为金华、甸南、东岭三个公社。1962年，金华公社改为金华镇，1970年后，称金华公社，1982年后，称金华镇至今。金华镇现辖东、南、西、北门4个农村办事处和一个居民办事处。[②]（见表3-1）

表3-1　金华镇的行政构成

乡（镇）	行政村（办事处）	自然村
金华镇	东门办事处	东门
	南门办事处	南门
	西门办事处	西门
	北门办事处	北门
	居民办事处	稿峰村

① 云南省剑川县志编纂委员会.剑川县志［M］.昆明：云南民族出版社，1999：35.
② 云南省剑川县志编纂委员会.剑川县志［M］.昆明：云南民族出版社，1999：35.

3.4　剑川民居源流概况

早在 3100 多年前，"剑湖人"就在剑川区域繁衍生息，垦殖着这块古老的大地。他们建造起木楼，聚成"邑屋"的村落，并先后接纳来自西北的南迁之氐羌人与楚国庄蹻带来的荆楚人，接受了他们的语言文化和生活习惯。

剑川县境内有白、汉、彝、傈僳、回、纳西等六个民族，除白族遍布全县城乡外，其他各民族的分布呈现"大分散，小聚居"的特点。在金华镇内分布的民族有汉族、白族和回族。

大理国建立后，白族成为当时大理国的统治民族，出现"白国""白王""白人""白子"等多种称谓。经过从唐贞元九年（793）直至大理国结束的 400 余年的发展，原来以白族为主体的剑川区域民族地位进一步得到巩固，白族聚居人数在剑川占绝对优势，成为境内能融合其他民族的主体民族。清代，白族被称为"民家""白人""白手"，民国称"民家族""自人"。大理白族自治州成立后，正式将"白人"称为白族，从那以后白族称谓不再变动。

因此，剑川白族来源从属至今亦无统一定论，但白族应为境内世居民族的观点当属无疑。然而，各代有汉族人和其他族人进入剑川，融入白族，所以会有白族居住民与外来移民融合的诸般说法。

而回族大抵于元初随元世祖忽必烈南征北战时随军入剑川，称"探马赤军"，属"色目人"。明清时期，陆续有少量移民迁入。多民族杂居于剑川，往往形成单一民族聚居点，多民族混居的情况。从某种意义上说，单一民族的概念已经淡化，民族融合成为该地区人群来源的主流构成。

3.5　剑川民族文化概况

金华镇多民族融合的聚居，以汉、白、回族的人数较多。据统计，1990 年末，全县人口 30495 户，15.4 万人。每平方千米人口密度 68 人，有白、汉、彝、傈僳、回、纳西 6 个世居于此的民族，其中白族占全县总人口的 90.54%，为全国白族比例最高县份。①

民族众多，多种文化并存，社会发展不平衡及文化多元性特征伴随着其历史的迁移。本地区文化生态特点之一是多种文化同时并存。例如，剑湖原生文化和氏羌文化、荆楚文化的融合，促进了剑川地区文化的进一步发展。而原始的自然崇拜、图腾崇拜等随处可见。虽受到其他文化影响较深，但其原始文化观念仍未消亡。此外，当地人不仅信仰原始自然文化，而且还崇拜本民族传说中的本主神。

剑川白族既有自己独特鲜明的原始崇拜，也有与汉族共同的信仰，如佛教。历代汉族人的融入，使得该地区逐步形成了多种文化融合的局面。

故此，清代知州刘荣辅曾撰联曰："儒释道三教，教教不同，究其同，莫外理之一致；天地人一心，心心何异，得无异，斯能成乎三才。"②

3.6　本章小结

本章阐述了剑川及金华镇的历史沿革，分析了其宗教文化背景，详细

---

① 剑川县民族宗教事务局.剑川县民族宗教志［M］.昆明：云南民族出版社，2002：45.

② 剑川县民族宗教事务局.剑川县民族宗教志［M］.昆明：云南民族出版社，2002：45.

描述了其自然地理环境。

剑川县位于云南省西北部大理白族自治州北部。境内有高山、平坝、丘陵、河流、湖泊和温泉。其地势西北高、东南低，东部、中部、西部大致为高山地带，山脉河谷呈南北向展开。关于"剑川"之名的来历众说不一，本着"诸说并存，录以待考"的原则，各种说法多存并延续，但有待进一步考证。"剑川"作为地名，最迟在公元7世纪末8世纪初出现并逐步流传。

剑川县境内有白、汉、彝、傈僳、回、纳西等6个民族，除白族遍布全县城乡外，其他各民族呈现"大分散，小聚居"的分布特点。

金华镇位于县境东北部，金华坝西北与金华山北麓交接地段。剑川县境东北金华坝镶嵌着一颗璀璨的明珠——剑湖。金华镇气候属南温带温凉层，属于较凉爽气候，适合各种生物的生长和繁衍。历史上，金华镇不仅名称、州治、行政区划都有所变化，其位置也有相应的变动。金华镇原名柳龙冲，因其地区内的柳树林生长形状如长龙而得名。"金华"源于城西金华山之名，"其双峰交锁，形如金字，故名"。

金华镇白族既有自己独特鲜明的原始崇拜，也有与汉族共同的信仰。金华镇的白族、汉族等各族在长期生活环境的影响和文化融合下，呈现出多元合一的文化交融状态，是一种多民族、同呼吸、共命运的同生共荣情绪交织状态。

第4章　金华古镇的构成

4.1　古镇的构成要素

金华古镇相当于一个小型城市的镇，它的构成是复杂的、多样的。本章只是从组成镇上的各种要素出发而对其进行分析。

金华镇是以血缘和地缘相结合的村落，它以古老的氏族为中心定居于此，经过世代繁衍，形成大型宗族聚居的形态。随着氏族人口的增长、家族的扩大，不同的姓氏家族都会有交接和融合的地方，剑川古城的设立使得各个氏族融合宗族型的村落具有小型城镇的功能特点。古城形态是复杂的，组成形态的要素也极为复杂，这些要素包括建筑、自然、人口、街巷、耕地、水系等，它们是主要影响整个城镇格局的因素。

建筑包括公共建筑、居住建筑、城防建筑、桥梁景观建筑等。自然包括山体、水体、树木（古树和现有的树木）等。人口是影响建筑的最大要素，人口数量决定了建筑规模、面积、数量等，进而影响到整个古镇的规模、面积、格局和结构。另外，与这些要素相关的其他辅助因素——街道、交通等也极为重要，是不可忽视的影响因素。

4.1.1 建筑

本章所阐述的建筑是村落环境中的片状空间构成要素，同时独立的构筑物如桥梁、亭、牌坊等又构成了其环境的点状空间，这样就形成了由点、线、面交织而成的村落空间主体。

其要素构成之一的建筑类型包括公共建筑、居住建筑，这两种建筑形成两种不同性质的空间。公共与居住建筑是古镇基本结构的实体部分，是影响镇子风貌与格局的要素，可以说整个古镇是由这些不同种类的建筑通过重复、变异、离散等多种方式组成的建筑群。

1. 公共建筑

本章所述的公共建筑要素包括整个镇上的大型公共建筑物，可以容纳多数人的集会场所。公共建筑不仅形体较大，且在古城中占有一定地位，是人与地、天、神自然相互交流的场所，是人们的祈福空间、精神依托，还是整个镇子结构上的节点。大部分居住建筑是以此为核心而展开建设的。另外，公共建筑形态是镇上的建筑技艺典范，是镇子形态的标志物。公共建筑包括宗教建筑（寺庙、本主庙等）、儒教文化建筑（文庙、武庙、祠堂等），这些建筑群充分反映金华镇居住者的泛神崇拜宗教文化，其建筑布局井然有序、辨识度高。公共建筑的建筑形式、形态对金华镇建筑文化产生较大影响，如在建筑装饰、建筑结构、屋顶形式上都可以找到有区域化特征的地方，它们的建造以及装饰都凝聚了古镇人们的智慧，是最具代表意义的建筑，所以它们是了解古镇居住建筑的第一个观察切入点。

目前，金华镇上所存的公共建筑，是景风公园内的文庙（包括大成殿、景风阁、启圣宫、棂星门等）、财神庙（包括戏台、正殿）、风水塔、阿黎帝母庙、城隍庙、大寺庵、昭忠祠、武庙等。这些建筑多为组合体建筑群，建筑格局沿用镇上民居建筑合院的布局方式，一般由多进院落组成，正门、倒座房、正殿、东西厢房，但现在所剩的完整合院建筑已不多见，其型制多以存在的建筑布局进行推测。景风公园内的公共建筑群，数量多且每个建筑群的性质与功能都不一样，但多数建筑已经修整过，原来的早期建筑格局与分布已不能完全考证。（见图 4-1 ~ 图 4-17）

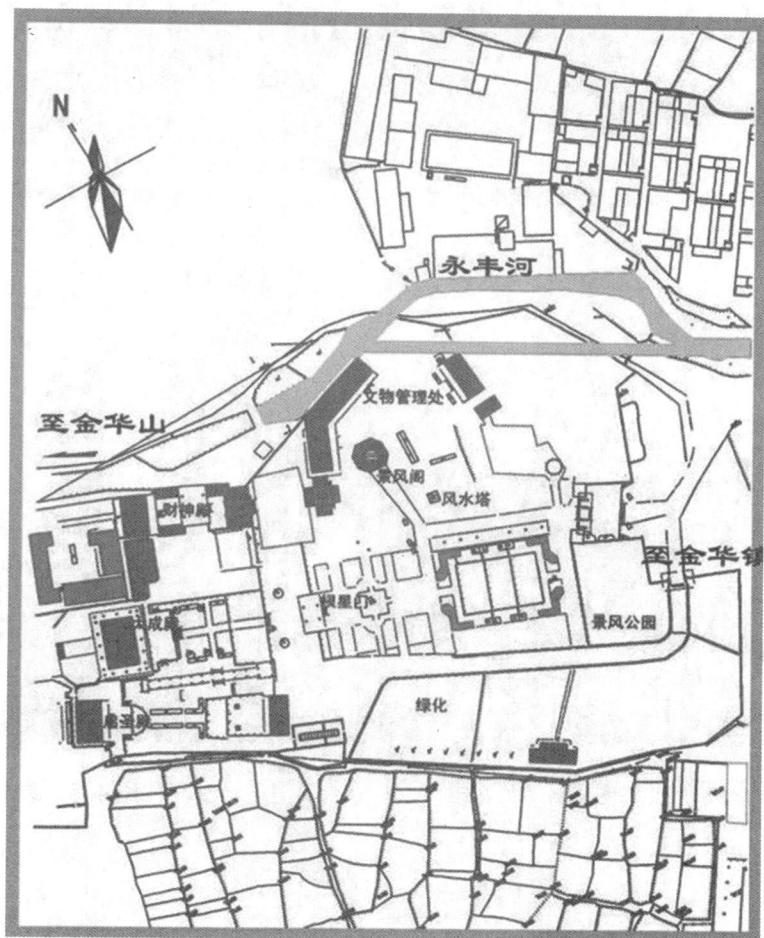

图 4-1　景风公园平面图（测绘图由剑川县政府提供）

图 4-2 棂星门

图 4-3 景风阁

图 4-4 关岳庙

图 4-5 灵宝塔

图 4-6　启圣宫

图 4-7　迁至德胜桥的城隍庙

图 4-8　城隍庙

图 4-9　晕君庙

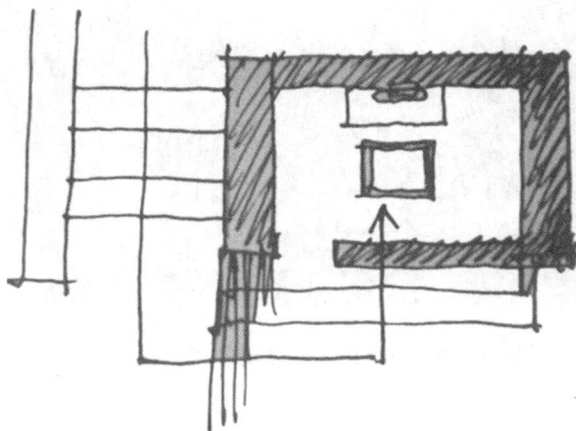

图 4-10　阿黎帝母庙平面示意图

图 4-11　阿黎帝母庙造像

图 4-12　阿黎帝母庙

图 4-13　大寺庵正殿

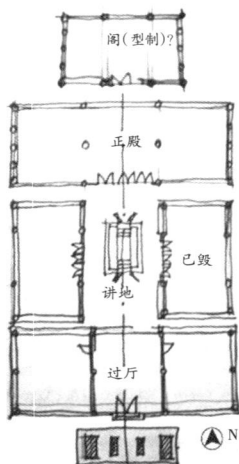

图 4-14　昭忠祠平面
示意图

图 4-15　昭忠祠院落现状（2005 年）

图 4-16　昭忠祠正殿

图 4-17　昭忠祠正殿外檐木刻

2．居住建筑概述（见图 4-18~ 图 4-21）

金华镇居住建筑构成了整个城镇的主体内容，大部分居住建筑是以合院形式存在的。合院类型包括四合院、四合五天井、三坊一照壁。各个家族的始建者根据家族人口数量和家族经济状况而定，建筑的类型受到建筑的宅基地等不同因素的限制，合院建筑也有不同。一般早期建造的院落至少是一进院落，形式为以上院落中的一种类型做基本构架。稍宽阔些的院落是由以上三种院落中的两种类型进行自由组合，形成沿同一轴线排布的二进院落。此外，院落还有三进院落或是更大型的院落，它们是将以上三种院落进行自由组合以形成沿同一轴线或是两条垂直轴线依次排布的多进院落。

全镇有明代居住建筑 40 余座，保留完好的有 21 座。清代居住建筑 146 座，其余为 20 世纪 60 年代以后的土木结构建筑。古城民居建筑群中，西门一带明代居住古建筑较多，除张勉宅院、何可及故居较突出外，尚有赵将军第、陈家两大院、张姓两宅院、王姓宅院、段姓宅院等 10 处。其特点是明代建筑风格突出，且建筑群分布相对集中，有极高的文物保护价值，但绝大多数民居因常年失修，破损不堪。

因为金华镇院落形式多样，故其居住建筑形式也丰富多彩。关于具体的内容，本书在本章与第五章中将进行详细分析。

图 4-18 居住建筑（1）

图 4-19 居住建筑（2）

图 4-20 居住建筑梁架

图 4-21 居住建筑宅门的门头

4.1.2 自然

要素构成之一的自然，是指与人们生活接近的物质生产资料等物质基础。一般在选择一座村庄或是一座城市时，人们要先考虑到此地自然条件，即土地的肥沃、水源的丰富、树木的多少，这些都是影响人们生活的重要因素。靠近金华镇的金华山是其最重要的山体，镇上建筑的建造材料都离不开金华山；剑湖是镇上的主要供给水源，金华山上的雪水也可以给镇上带来丰富的水源。树木以水体为生存之源，成为镇上绿色生机的载体，并丰富了建筑环境，还是方便可取的建筑材料。

1．山体

由于中国农业社会一直以水为基础，所以在选择村址时离耕地不远，一般是靠山近水，以利于耕作。金华镇的选址也是如此。

金华山位于县城西南 1.5 千米处，占地约 24 平方千米，主峰海拔 2793 米，是县内主要风景区之一。明《景泰云南图经志书校注》载："其山顶尖而山脚平宽，形如金字，高数百丈，树林葱翠，故名金华。"[①]《康熙剑川州志》对金华山的记载："顶上戴五峦，谓之五星支条，双峰交锁，形如金字，州城在其左麓，乃一州之镇山也，华顶朝阳在此。"[②] 自然气候湿润，金华山上植物种类繁多，加之山上建有众多的寺庙和道观，这些建筑都是始建于明代，历经数代才修建而成的，与自然山体相映成趣。（见图 4-22）

图 4-22　金华山

① （明）陈文修 . 景泰云南图经志书校注 [M]. 李春龙，刘景毛，校注。昆明：云南民族出版社，2002：306.

② （清）王世贵，何基盛 . 康熙剑川州志 [M]. 大理白族自治州文化局翻印，1986：421.

2. 水源

水是人类的生存之本，具有心理和美学的作用，同时还可以改善生态环境。水系在村镇的结构框架中起着至关重要的作用，在村镇的格局中起到饮水、排水、排洪、调蓄、防火、军事防卫等多种功能。

剑湖介于北纬 26° 25′~26° 31.5′，东经 99° 55′~99° 59.5′之间，即剑川县金华镇东南 4.5 千米处，滇藏公路旁。因为其坐落于剑川坝子里，故名剑湖，[①] 水域面积达 7.5 平方千米。剑湖因无污染而有"高原明镜"之美誉，与金华山相接，与依湖而建的白族村寨组合成秀美的风景线。（见图 4-23）

图 4-23 站在金华镇南华街遥望金华山

3. 树木

金华镇地处亚热带区，水热条件较为丰富，土壤以红壤为主，有利于林木的生长。剑川县主要的树种有云南松、高山松、华山松、冷杉、铁杉等针叶树种及麻栎、黄背栎、桦木、桤木、杜鹃等阔叶树种。丰富的树木蕴藏量，在 1990 年二类调查中森林蓄积显示为 5553450 立方米。

---

① 杨连华.滇西北剑湖湿地植被特点与景观恢复策略［J］.农家科技（下旬刊），2015（1）：21.

　　金华镇的树木包括历史上遗存下来具有文物价值的古树（最大的树龄有 200 多年，最小的树龄也在 70 年左右）和目前镇上的乔木、灌木以及每家每户种植的观赏性树木。这些树木多为楸木、桉树、柏树等，不仅有观赏价值，而且具有美化环境的作用。古树的衬托更显出古建筑的久远性。镇上的树木可净化环境，改善空间，同时赋有吉祥寓意。

　　松木、杉木等树干较直，重量轻，易于加工，结构性能好，防虫蛀，透气性能好，是理想的建筑材料，同时利于剑川本地工匠雕刻技艺的发挥，所以应用极为广泛。金华山林区的树种丰富，便于砍伐和运输，这也是当时在选择古城时所考虑的一个重要因素（见表 4-1）。

表 4-1　金华镇古树统计一览表

古树名	所在位置	高度（米）	基径（厘米）	树龄（年）	胸径（厘米）
滇楸	景风公园内	28	163.9	110	—
	景风公园内	24	84	69	78
	满贤林景区内	35	127.3	260	94
圆柏	景风公园棂星门后南侧	15.4	146.4	245	123.5
	孔庙大殿前院南边	18.8	—	245	98.7
扁柏	景风公园棂星门后北侧	23.8	116.8	245	86.6
蓝桉	景风阁院内	25.0	—	78	150.6
	景风阁院内	22.0	—	78	151.5

·现状调查结果统计（自制）

4.1.3　人口

人口也是金华镇形成最重要的因素之一。城镇是社会化的自然环境，所以人口的数量、迁移、构成都是城镇格局的影响要素。人口因素是城镇变化的根本所在，一切的城镇建设都是围绕人们的生活和需要而产生的。金华镇的城镇建设必然受到历代镇上人口迁移、人口素质、民族、风俗习惯等众多不同原因的影响，导致了城镇建筑面貌、形态、文化的不同阶段的变迁。

清道光五年（1825）以前，历代剑川人口资料不全，仅按比例说明。（见表4-2）

表4-2　历代剑川人口数量统计表一览

年代	户数或人丁数	人数／人	备注
明万历	4023 丁	超过 1000	无
清元世祖中统元年（1260）	义督千户	约 5000~7000	无
清康熙五十二年（1713）	5246 丁	15000	无
清道光五年（1825）	9465 户（大小人丁 29154 丁）	87462	无
清光绪十年（1884）	7213 户	22360	无
清宣统二年（1910）	7470 户	48214	其中男子 24630 人，女子 23584 人，壮丁 10415 人，学童 4981 人
清宣统三年（1911）	7754 户	48897	其中男子 24750 人，女子 24147 人，壮丁 10516 人，学童 5217 人

· 数据来源于《中国人口·云南分册》《剑川县志》（自制）

4.2　古镇格局

4.2.1　古镇选址

城镇选址对一个城镇的发展至关重要。它的选址显示了多种复杂因素及相互作用，不仅仅包含传统观念的要求，而且还包括对社会、经济、防御、生产及地域环境等多方面的考虑。金华镇现在所在的位置是当时历史上古剑川城的所在位置。为了生产生活等方面的稳定，所以在城址的选择上是考虑了诸多因素的，如自然、气候、防御、地理等因素（见图4-24）。作为一个复杂的城镇结构，其布局也影响了城镇中居住建筑的格局、朝向等。城镇的布局等因素与城镇中居住建筑的布局等因素息息相关、相互作用、不可分割。

第一，重要的军事地位决定古城选址。元代以前，沿苍山西麓剑湖——黑潓江河谷开通的这条通道叫"吐蕃道"。元明以后，随着洱海水位的下落，苍山东麓的土地大量露出并得到开发利用，由大理经邓川、牛街往剑川古道得到扩展与拓宽，形成史籍中所称的"滇藏古道"。从此"吐蕃道"逐渐冷落，"滇藏古道"渐渐走红。自古为北出西藏，西进澜沧江、怒江上游地区的战略要地，南诏与吐蕃曾在此角逐。元世祖忽必烈南下大理时曾在此驻跸，清朝亦曾在此屯兵驻守。剑川古城东临剑湖，西靠老君山、金华山，处于这条要道当口，地理位置十分重要，史有"全滇保障"之称。

图 4-24　金华镇（剑川古城格局）

第二，具有传统城镇布局选址的意义。古代城镇的基址选择基本原则和基本格局为"负阴抱阳，背山面水"。所谓"负阴抱阳"，即基址后面有主山为来龙山，左右有次峰或是岗阜的左辅、右弼山，山上要保持丰茂的植被；前面有弯曲的水流，水的对面还应有一座对景山"案山"；轴线方向最好是坐北朝南。基址最好是处于这片山水环抱的中央，地势平坦而具有一定的坡度。这样就形成了一个"背山面水"的格局。因此，金华镇的选址格局基本为：西靠老君山和金华山，东临剑湖，是典型的吉地选址，形成了"背山面水"的吉祥安邦格局。

其布局意义为：①因为此地是政治、军事、经济、文化中心，故选址时要探求其适中的地理位置，并且要占有重要的地势地位；②古城周围田地的肥沃宽广是农耕型城市赖以生活的基础，同时农业是古城生存的重要生活基础；③依山傍水既具有大型的气候环境意义，又具有微型的气候氛围意义；④设险防卫；⑤处于水路的交通要道上；⑥水阁潭设定在衙署区之后，这是在城内中心位置上设有宽阔的水面，同时其周围种植大面积绿色植物，这说明在设计城镇的景观格局时，加强了城市的中轴线；⑦具备这样的自然环境，可以形成良好的生态环境和局部的小气候，背山可以屏挡寒流，面水可以降低炎热的空气温度，增加加湿降温的效果，并且近水之地用水方便、水运方便，便于垦殖农田和其他林、牧、渔等多种经营，形成良性的生态循环，自然也就成为富足的宝地；⑧其他建筑围绕主轴线进行设计，成为完整的街道和闾里，并且有统一的走向，分区严格。（见图 4-25）

图 4-25 桥梁及牌坊强调的城市主轴线位置

4.2.2 古镇防御与布局

古镇格局在建城之时，经过严密规划，在东西长 175 丈、南北宽 156 丈的范围内，布置得错落有致，井井有条。据康熙《剑川州志》载："周三里三分，高一丈六尺，厚一丈二尺，砖垛石墙。垛口一千三百二十七，濠宽八尺，深五尺，城内驰道宽一丈，城外驰道宽一丈二尺。"①

---

① （清）王世贵，何基盛纂修 . 剑川州志［M］. 大理白族自治州文化局，1996：322.

古城的格局大致可分为以下几个部分:

第一,城防设施,有护城河和城墙,四城门上设有眺望和报警之用的谯楼。东门为嘉庆门,坐西朝东,位于今环城东路中段与东门外街连接处[康熙五十五年(1716),州牧罗文灿以"东门直冲州治"为由,将城门北移至陈家冲东巷口稍北],凡国家重大文诰都必须经此门入城,民间重大活动亦首先由此通过。南门为拱日门,坐北朝南,位于今南门街南端,茶马古道必经之路;西门为金龙门,坐东朝西,位于今西门街西端,经此往西门外文庙,亦有少数短程马帮沿北城墙外驰道走岩场沟,来往于当时的兰州与剑川之间;北门为拱极门,坐南朝北,位于今北门街北端,茶马古道必经之路(见图4-26)。四个城门不仅有防御作用,还有城市格局与之相对应,表明城市的朝向,坐西朝东。

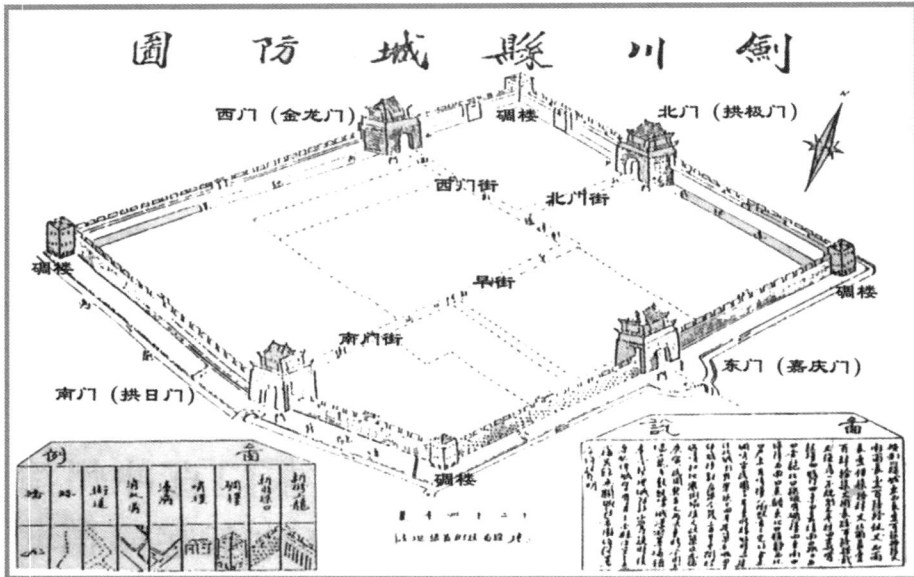

图4-26 1924年剑川古城城防体系图

　　第二，区域划分明确。据记载，衙署占地面积较大，衙署区域（行政区域）分为办公区域、办公人员居住区域、牢房区域及后花园等，其原来位于古城的东北隅，后来逐渐向城市中心推进。军队驻扎区域位于古城的西南角。教育文化区域位于古城的南部（今南门街一带），并建有标志性的牌坊来界定这个空间的特殊性。集市区（市肆，位于今天的早街一带），是城市的商贸集镇的区域，且正好与南门街相连，古代市镇内的商品交易在此进行。宗教区域，据推测应位于现景风公园一带，其古建筑群完全可以说明这里是一个大型的古代宗教场所，城镇中还有散布在西门外街等主要街道口的公共建筑，这些都可以说明剑川古城的宗教场所曾大量存在。市政设施中谯楼的作用不仅有城防作用，还有在城市中可以监视城内防火安全的作用。城市中的自然水流也具有双重作用，既可以防火灾，也可以为城市居民提供生活用水。除了这些区域之外，城内大面积区域为一般居民的居住空间，如历时较久的三家巷（现在的西门街一带）。整个古城分区明确，布局合理，防守严密。

图 4-27　金华镇全景速写

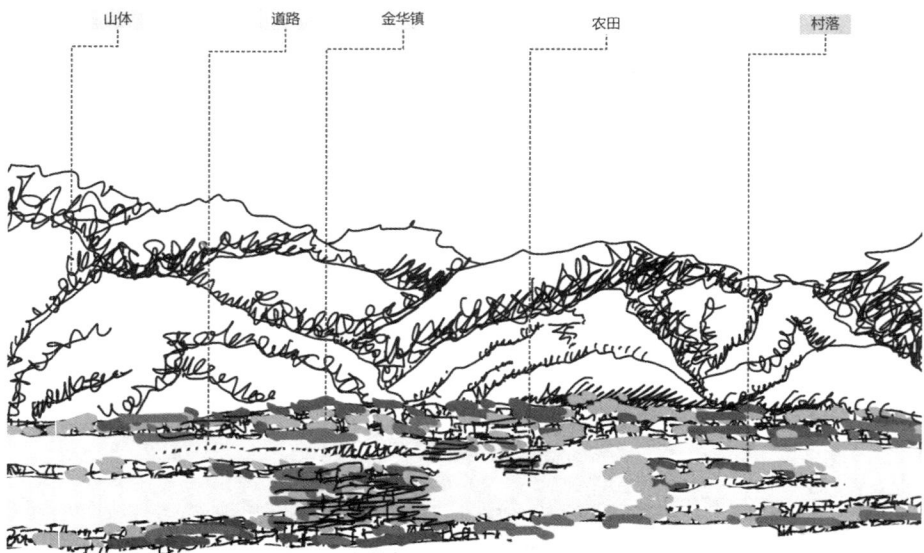

图 4-28　金华镇景观要素分析图

第三，完整的街道布局。古城主要街道为南门街、北门街、西门街、东门街等，沿城墙下也有较宽的环城巷。主街道较为宽敞，而小型的巷道尺度较小。街道和沿街建筑高度比例适当，高宽比约为 3∶1。街道构成了古城的基本构架。

4.2.3　古镇街巷

康熙二十七年（1688）地震，城墙的东、南、北三处谯楼倾圮。康熙二十九年（1690），州牧张国卿重修城墙，并将东、南、北谯楼改为鼓厅。康熙五十一年（1712），州牧王世贵将四门城楼均设为鼓厅，并修复城墙损坏部分。此后累经地震，但仅部分城垛、谯楼被震坏，并多次得到修复。1924 年，知县李慎修对古城进行全面修复和加高加固。1952 年，根据各级政府的要求，剑川古城城墙、门楼被拆除。原来的城墙形制已不复存在。①

古城自北向南排列的街巷为环城北路、西门外街（西）、西门街（中）、桥头街（与西门街相连）、文照街、东门街、忠义巷、段家巷、旧寨巷，环城南路（此路为后规划的一条水泥路）。

古城自西向东排列的街巷为：环城西路、上营盘、中营盘、张家冲巷、五马巷、下营盘、七曲巷、北门街（南）、桥米巷（北）、永丰街（南）、早街（与永丰街相接壤）、学门口（与早街相接壤）、南门街（北）、环城东路。

整个古城的主要街道由文照街至西门外，南门外至早街，桥头街至北

---

① 云南省剑川县志编纂委员会 . 剑川县志［M］. 昆明：云南民族出版社，1999：643–646.

门外、东门街，这几条明代形成的主街道组成了现今城镇街道主格局。除东门街、南门街、早街、北门街等保持了原来的街巷格局之外，个别街巷格局有所改变。环城北路、环城南路、环城西城、环城东路是规划后形成的街道，为水泥路面，宽度有十米左右，将古城与新城分割为两部分。

文照街至西门外街一段。文照街现已改变了原来街道的形制，使用水泥铺设路面，成为金华镇的主要交通干道，但两侧居住建筑的风格并未改变多少。在与西门街巷接连的交角处形成的街道即永丰街和早街，它们已成为本镇的集市，沿街部分建筑立面已经改变。金甲桥位于文照街东段，即原来的金甲阁东面，为清代所建，单孔拱桥，两侧有石栏板，于1950年拆除，现改为条石板桥。

与文照街相接的是桥头街。桥头街顾名思义，在古代的这条街道是因一座桥而著称的，可惜桥已拆毁，现在的伽蓝桥据说是按照明代时期始建的桥的形制在其原来位置上恢复的，但其交通功能已失去，仅作为西门街起始的标志物。桥头街东南侧为原武侯祠所在地。在记载中桥头街口的牌坊，名为谢师牌坊（今桂芳坊）、金紫大夫石坊，均已不复存在。与桥头街和早街相交的路口建筑都是一坊楼阁式建筑沿街布局。

西门街形制有所改变。由于原来的街道经过大型修整，并铺设过水泥路面，现在所见到的路面是由大块卵石和青石板相间（中间为青石板路，卵石与之相接，与建筑相接之处仍是卵石路）。在道路两侧设有露天的水道，水道随着整个街道的走向而布置，在西门街72号门前的水道由道路左侧转向了右侧。道路两侧的照明和供电设施为新加建的，同时运用盆栽植物装扮街道。（见图4-29、图4-30）

图 4-29　金华镇西门街现状　　　　图 4-30　现代生活对金华镇街道的影响

　　沿街两侧居住建筑大部分保持了原貌。虽然历代建筑风格有所不同，但整体建筑尺度基本相仿，街道格局完善。西门街 5 号、11 号、18 号、38 号、50 号、59 号、60 号等院落都是明代时期的建筑，而西门街 2 号、院落 25 号等院落都是清代时期的建筑院落，同时这里也是明清著名的三家巷所在地。西门街上还有几座牌坊：其一，五马坊，明嘉靖二十四年（1545）为张宏光所建。始建的五马坊为木牌坊，于 20 世纪 60 年代被拆毁。其二，青龙坊，明嘉靖二十六年（1547）为陈重所建。其三，黄甲开先坊，明嘉靖二十七年（1548）为杨钥、杨大韶、杨为栋所建，这两座牌坊于清康熙五十二年（1713）前拆毁。

　　与西门街垂直的是环城西路，其街道形制已更改。西门外街被这条环城西路分割出去，进入西门外街街口有一座小型石质拱桥，此桥为当时剑川古城西门的护壕桥，始建于明嘉靖年间。

　　南门外街，即永丰南街，现在的格局也不是当时的街道形制。古代南门街入口也有几座牌坊，即两省解元牌坊，明嘉靖年间为云、贵两省解元李东儒所建，在清康熙五十二年（1713）前毁，后重建；世科牌坊，明嘉靖十三年（1534）为李文林、李灌、李东儒所建，1921 年前拆毁；科第传芳坊，明万历三十八年（1610）为罗经、罗梦阳、罗烈、罗勋、罗杰建所建；旌忠坊，明崇祯十三年（1640）为忠烈段高选所建；昭忠祠门坊，明崇祯十三年（1640）为忠烈段高选所建；进士坊，明万历六年（1578）为罗星所建；钦晋台宪亚魁坊，明万历二十六年（1598）为罗云凤、罗铉、罗为黼所建；忠义坊，为清代抗法将士而建，时间不详。以上牌坊除世科牌坊之外，其余都在20世纪50年代拆毁。敕建的敕封坊为罗纹纪而建；登云坊为赵向建而建；节孝坊为节妇李氏而建。这些牌坊都在清康熙五十二年（1713）前拆毁。

与之相接的早街是当时镇子的贸易中心，现在仍然是古镇的商业贸易点。根据镇上人们的生活需要开设的一些店铺，出售生活用品、家电、服装店、银饰店等商品，随着古镇旅游业的发展，还开设了出售当地工艺品的商店，在桥头街与早街的十字路口，早上还设有小型流动早餐摊位。

永丰街现已改为现代水泥地面，且两侧的建筑形制已改变。明代的报国寺、明伦堂、金华书院等都建在此街上，是明代金华镇的教育中心。

北门街是在原来的旧址处新修建的一条街道，街道两侧的建筑都为新修建的仿古建筑，仅有一座徐霞客旧居坐落于此，为当时徐霞客旅居地。北门外的金紫大夫坊，明万历三十一年（1603）为府同知杨廷干所建，20世纪50年代被拆毁。

东门街形制已改变，现为水泥路面，街道两侧的建筑几乎都为新修建的建筑，其形制和风貌都已经改变，仅剩下一部分原风貌的建筑。（见图4-31、图4-32）

图 4-31　街道水利设施

图 4-32　修整后的街道

4.3　典型民居案例

4.3.1　明代文人世家民居——以何氏宗族旧居为例

根据调查资料可知，目前所测的三家保存较为完整的院落应为当时何氏家族的院落，其中包括西门街 59 号、60 号和七曲巷 6 号院落。

4.3.1.1　西门街 60 号院落

1. 家族概况

何可及于明天启甲子（1624）始建此宅。何可及，字允升，号溪若，剑川治城三家村（今金华西门街）人。虽出身寒微，但天资敏慧，于明万历四十三年（1615）中己卯科举人，明万历四十七年（1619）再登己未进士，初授河南涉县及临漳县令，有惠政。明天启甲子年（1624），在治理漳河工程之际，获秦代李斯玉筋传国玺，上报朝廷后受到熹宗重奖，擢升为陕西道御史，后官至太仆寺卿。时值魏忠贤擅权，于明天启六年（1626）上书《首参魏珰疏》，但未成功。明崇祯三年（1630），退隐还乡。之后在金华山麓的文源村吉庆观设塾授徒，其子孙受其影响，也颇有建树。明崇祯十二年（1639）剑川饥荒，他将家中的粮食全部用于赈灾。74岁寿而终。①

2. 何氏宗族旧居概况

整座建筑自修建以来，经历了剑川四次6级以上大地震依然保存完好，从未进行过大修，仅平时检修拾漏。1987年，现宅内门楼东西原有平房升为楼房，并将大门门楼左右两翘角锯除，将正房格子窗改换成玻璃窗，原换下的格子门、花窗尚保留完好。现在已由金华镇政府管理，合院内倒座房内仅住有一户人家。

何可及旧居位于金华镇西门街的北侧小巷中，小巷内地势北低南高。现在旧居的门牌号为西门街60号，与金华镇西门街59号院相邻，位于其东侧，周围是其他居住建筑，旧居院落地势较为平坦。（见图4-33、图4-34）

① 剑川县志编纂委员会.剑川县志［M］.昆明：云南民族出版社，1999：421-423.

图 4-33 何可及旧居的倒座房
（院落场景）

图 4-34 何可及旧居的正房

3.民居院落基本方位和格局

何氏家族是当时当地比较富足的大户人家，故其人口众多，建筑面积也随之扩大。西门街 60 号院是何氏家族建筑群的核心建筑之一。

现在所存的合院是当时整个建筑群中的一部分，合院位于西门街北侧小巷中，是一座坐北朝南的院落。宅门坐北朝南，与倒座房相连。二道门是屏门形式，同时兼具了影壁墙的作用，门向北侧开启，与宅门相平行。倒座房与宅门相连，朝向与宅门相同。正房坐北朝南，东西两座厢房相互平行，与正房、倒座房相垂直。合院平面为长方形，南北中轴线偏向于院落的东侧，不是完全的东西轴线对称结构。

此合院是一进院落，一进又称为基本院落，它是由宅门、倒座房、正房、南北厢房及一个天井围合而成的四合院，因为历史原因而几次易主，同时院落结构也被改变和分割。现在所存院落包括正房、面阔三间，且为二层楼阁式。由于院落较为窄小，故正房两侧的次间有一半面阔从正立面是看不到的。正房南面两侧为东西厢房，面阔五间，与正房呈"品"字形排列。正房对面是南房，也称为"倒座房"，开间数与正房相同。宅门开设在倒座房的明间，既是一座屋宇式门楼，也和倒座房连为一体，形成上下两层的屋檐。二道门具有屏蔽作用，通过它后进入院内。

4．合院的空间关系（见图 4-35）

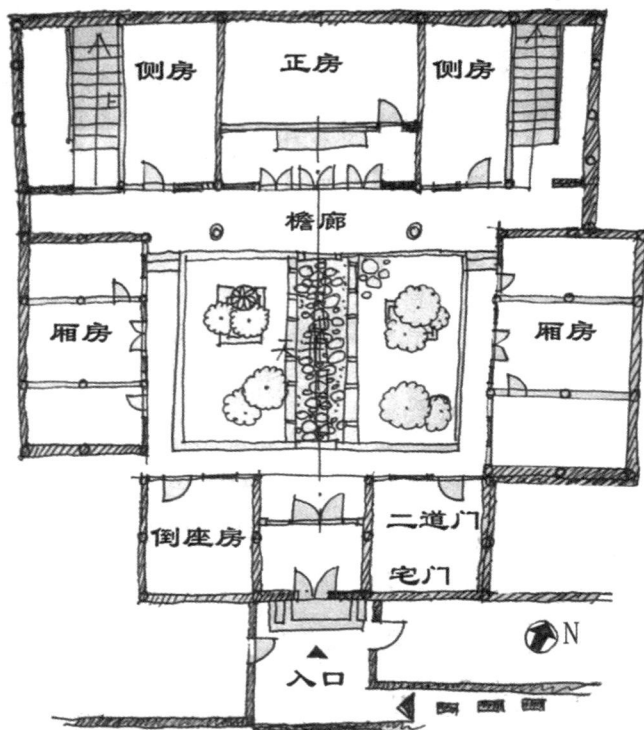

图 4-35　何可及旧居一层平面示意图

此四合院具有以下功能：

首先，居住功能是其主要功能。它由当时何可及一家单独居住。根据尊卑有别、长幼有序的严格秩序，其各个家庭成员的居所也是有所区别的。合院正房的两侧次间为这个家庭里的长辈居住，即长辈一般居住在正房一层次间内，而一层明间为家庭聚集中心。其他家庭成员分别住在厢房中或倒座房的次间中。由于合院已经被当地政府保存，原有的居住功能已经消失。

其次，族权和神权是维系封建家族统治的主要权力支柱。为了体现神权、族权，这座院落中也专设了祠堂，即在正房的一层明间供奉有祖宗牌位及天地神佛的牌位，还设有跪拜祭祖的场所。

再次，合院建筑中设有储藏室的功能。由于本地气候湿润，故合院中的各座建筑都是二层的，为保持食物的新鲜，所以将食物等搁置在建筑的二层空间，同时还搁置其他杂物。还有，社会交往也不可缺少，所以在倒座房中设有客厅，以备待客之用。而有时候接待一些特殊的宾客，如亲戚或是有身份的人，可以直接将宾客引入院内，在正房明间一层设有客厅。

最后，具备交通功能的楼梯设在正房两侧，可以通往二层其他空间。

合院的复杂空间关系：在建筑平面中，正房是合院中的主房，坐北朝南，是最佳的位置，但主房体量不是很大。处于院落东西两侧的厢房，其位置、朝向等都是次要的，其面阔都小于正房的面阔，同时东西厢房的前檐都低于正房的前檐。为显示正房的地位，厢房甚至于偏离了主轴线。合院的宅门位于倒座房的明间，与倒座房相连，是倒座房的一部分，其进深与倒座房进深相同，但宅门门头的复杂式样，令其地位突出。为避免宅门直对正房，还设置了二道门，以作为缓冲空间使用。在建筑立面上，正房台基被整体提高，也达到了提高其地位的效果。加高柱子的高度，正房柱高大于两个厢房的柱高，这也是为了突出正房的地位。除了正房一层有进深较大的檐廊和承重的檐柱外，东西厢房一层虽有辟檐，但无檐柱。倒座房与东西厢房的柱高相当，但是其北侧一层没有辟檐，这样更加表明了正房的地位。合院中的坡屋顶建筑在坡高相同的情况下，房屋进深越大，屋顶的高度就越高。由于正房进深最大，所以其高度也就最高。屋顶曲线也呈现了较大的弯曲弧度，屋顶的正脊两侧起翘。合院内的其他建筑都没有正房的屋顶形式起翘明显。所以，正房在台基、柱高、进深、屋顶形式等方面都占有绝对优势。整个合院建筑构成了以正房为主，东西厢房次之，最后为倒座房和复杂样式的宅门的合院空间模式。

5．合院建筑及其构造

根据古代住宅等级制度，普通百姓的住宅是不可以出现斗拱这类构件的，就更不用说多层出挑的斗拱。何可及宅院内现存的这座宅门应为院落初建时的宅门，保存较为完整。

宅门为屋宇式，面阔一间，进深与倒座房进深相同，平面有四排柱子（共八根柱子）构成，包括内檐柱、金柱、中柱和外檐柱，其构架为穿斗式。屋顶形式为单檐悬山顶，突出于外墙面，与倒座房的檐构成了上、下两层檐的形式。两侧墙体是空斗墙的砌筑方法，墙体下碱已经风化，初建时应为石基，地面形式已更改。2004年4月，正逢正房和宅门的台明重修时，将原有糯米浆、石灰三合土夯实地坪去除，改用老君山粗面页岩石材地砖铺设。两个粗大的木墩安置在墙一侧，与宅门金柱相接，这两个木墩有抱鼓石的功能。这种做法和一般四合院宅门抱鼓石的做法相同，不同的是使用的材料不相同。一般抱鼓石是用于宅门门枕石之上的石构件，根据形状分为圆形鼓子和方形鼓子，而此处使用了木制卷纹材料来替代。

倒座房与门楼连为一体，面阔五间，通面阔16.3米，通进深4.5米，抬梁结合穿斗的木构架、土基墙。倒座房除明间为门厅之外，东西次间各自为独立的一个开间，西次间的面阔小于东次间。由于西厢房离倒座房较近，所以西次间的面阔较小。

东西厢房格局及形制基本相同，面阔三间，通面阔8.37米，进深五檩，通进深4.14米，抬梁与穿斗相结合，即中柱直接伸入中檩下，与其他五架梁和三架梁相交。东西厢房为重檐悬山顶二层楼房，青色筒板瓦。土基筑板墙，梁头、梁垫、檩垫条等木构件保存完好。

正房坐北朝南，面阔三间，通面阔16.3米，通进深7.8米，重檐悬山顶，二层楼阁式，青色筒板瓦，抬梁结合穿斗的混合式木构架，梁柱粗壮。外围的墙体为土坯砌筑。2004 年修复正房及大门台明时，改铺正方形青石材地砖。

6. 外檐装修

宅门由两扇木质板门构成，安装在金柱的中缝上。门的样式简单，有上下槛、抱框等，门扇就是棋盘门的式样，上槛有一对简单的门簪。

进入大门后，在门楼室内安装在金柱中缝上的是第二道门，大门内檐之上的斗拱的昂伸入了门上方的枋上，将檩条承托而起。枋下是二道门的上槛和中槛之间的隔板，中槛和下槛之间安装了双扇板门，门的形式简单，无装饰。现在门板固定，出入口位于西侧。二道门的中柱不是直接伸入中檩之下，而是到梁下就结束了，故为穿斗式梁架结构。内柱柱中缝上方安装棂条窗，与倒座房的二层空间相连。

倒座房的稍间为 1987 年以后加建，山面梁架为两根落地金柱支撑。倒座房二层的外部木装修为棂条窗，呈棋格状。倒座房两次间的门窗形式是靠近门厅的一侧为槛墙和窗户（形制已经改变），窗的一侧是板门。倒座房的次间及稍间为青砌墙加木槛窗，两侧为板壁。

东厢房一层的明间安有一扇厚重的板门，线条简洁。次间为长方形镂空的槛窗及木槛墙。楼上左右梁架均施两根短金柱，明间及次间为长方形镂空的槛窗及木槛墙。

西厢房一层明间安有一扇厚重的木板门，线条简洁。次间为豆腐块心屉槛窗木槛墙。二层左右梁架均施两根短金柱，明间及次间为豆腐块心屉木槛窗及木槛墙。明间一层及二层的门窗格局为檐柱中缝上正中安装双扇板门，两侧为花窗，其南北次间在靠近明间的一侧装有单扇板门，然后是槛墙，其上为窗（窗的形制有所改变）。（见图 4-36）

正房二层明间的窗户形式为隔扇窗，两个次间为固定的棂条窗。正房一层明间安装有六扇双交四椀棂花心屉雕花格子门，次间柱两边各安一扇外开木板门，中间木槛墙为方窗，上置横披窗，室内用木板做成隔断墙。两侧楼梯间与正房相平行，正房明显高于两个厢房，楼梯上升到东西厢房后，转向正房与其相垂直，楼梯下部为储藏室。（见图4-37）

图4-36　何可及旧居宅院中的西厢房立面

图4-37　何可及旧居宅院中的正房门窗纹样

　　合院中的大天井用鹅卵石铺筑，中间铺方形条石，正房前端为水井，井上有井圈，为明天启年间故井。

　　7. 建筑装饰

　　此宅门既是整座建筑的入口空间，其装饰和雕刻也是金华镇民居中的孤例。宅门内侧的两个木墩由下至上共有三层，下面是一个长方体，靠近门内侧的立面的中轴线上刻出了涡轮样花纹，像两个羊角外卷，而和大门平行的外立面上采用阴刻，中间是凹进的，长方体的每条棱结束之处都做了"卷杀"① 处理。第二层也为一个长方体，但是其尺度、体量都很小，上面没有装饰。最上层是个不规则的立体造型，体量较大，前窄后宽，狭窄的一头刻有卷云纹，与之相接的一侧刻有一个鼓状圆形纹样。这里的木墩没有结构上的稳定作用，仅起到装饰效果，而且形式和一般的抱鼓石不

_____

① 古代一种建筑装饰工艺。

同，虽有雕饰，但图样不繁杂。

宅门上部额枋上的斗拱是极为繁杂的，而且其形式不是用斗拱的昂悬挑上去的，而是叠木累加上去的一种独特做法。整座门楼上的斗拱，计转角科 2 朵，平身科前中后各 8 朵，共计 26 朵。前檐中部共有 8 朵，翼角上有 2 朵，它们相交的空隙中还各有 1 朵小斗拱。（见图 4-38 ~ 图 4-40）

图 4-38　何可及旧居宅门上的斗拱（1）　图 4-39　何可及旧居宅门上的斗拱（2）

图 4-40　何可及旧居宅门上的斗拱（3）

门楼檐柱（倒厅明间后檐柱）上搭有挑檐梁，梁上搭有檐枋，梁头向外伸出一段距离，枋上为平板枋，斗为圆形，每个圆形坐斗形状都不相同，斗上开有3个槽，正中出翘，斗两侧雕有卷云纹的如意拱，拱上方有2个圆形斗，中轴线上的斗为八角形，上面再架设一道枋。梁头伸出的部分做成卷云纹，梁上施平板枋，枋上再施斗拱，累叠而上。

正中4朵平身科斗拱，共有三层，由下至上，第一层为一个方形坐斗，斗上开有3个槽口，中部和两个45°角上开槽，正中槽上出翘，翘上有1小斗，45°角上施卷云拱。

第二层在小斗上开三个槽，正中出翘，两侧出拱，这里的拱为横拱，拱上雕刻了卷云状，花纹雕刻得细致入微，翘上的花纹较浅。在横拱凹槽位置上施两个圆斗，为仰莲式样，莲花花瓣都被仔细雕刻了出来。其上再施一条枋，枋上也布满装饰花纹。

第三层在翘上施一个圆的薄木垫，其上再架设斗拱，斗拱平面呈"米"字形，即正中、45°角、水平方向上都伸出构件。正中出翘，翘上施一斗（平板斗），而水平方向上的拱与上述斗拱的做法相同，圆斗上施一条枋，枋上雕饰纹样，由45°伸出的拱不受力，但是所刻纹样与前面相同。斗上施撩檐枋，上面也刻了花草纹样。斗正中出昂，是象鼻昂的一种变形，向上起翘。这里的斗拱间斜昂相交处施变形斗座，相连为绾绊，形成前后左右编织状斗拱结构。

平身科斗拱由下往上，向外一层第一踩为方形座斗，中间一层第一踩为仰莲座斗，第二踩为圆形座斗，拱、翘、昂侧翼图案均采用浮雕技法，手法独特，雕刻出的如意纹雕花形式简单，比例协调，形成一种寓意吉祥和华丽非凡的结构。

在每座平身科的平座斗拱之间都有一个圆形雕饰，中轴线与两侧的纹样都不相同。与平身科之间还各有两组斗拱，外侧平身科斗拱中的方形坐斗相邻为一个圆形雕饰，暂称为变形坐斗，其上出翘，翘上施斗，坐斗

45°方向上出卷云纹的翘，所以相邻的平身科之上这一层斗拱 45°方向上少了一个卷纹的翘。而翘上的斗上再施翘，其两侧没有装饰的翘，翘上再施斗，与翘相连的两侧檐 45°角再施卷云纹翘，样式较为简单。

与此组相连的一组斗拱也是同样的做法，从变形坐斗开始向上叠加，且逢双数斗拱 45°的卷云翘都是相连接的，像蝴蝶翅膀。柱头平板枋上的平身科斗拱与角科斗拱相邻，其形式与前相同，只是最上层出昂，昂的形式与前相同。

转角科共有两朵。不仅支撑屋檐出挑，而且极富装饰意味，所雕纹饰秀丽生动，拱翘侧翼图案均为浮雕，呈蝴蝶状，昂呈象鼻状，转角结构与门楼下檐结构较繁。实际上就是在柱头科外 45°角的翘上架设坐斗，斗旋转为 45°，其上再施翘、昂等构件，昂的方向与斗垂直，呈象鼻状，象额顶上施坐斗，斗上再出翘和拱等构件，翘上施斗与撩檐枋相接。1987 年扩建倒座稍间时，将屋檐出挑及檩等构件锯断，现仅存转角科及昂。

宅门内侧的梁和金柱交角处的雀替雕饰了卷云纹、如意纹等，三架梁之间都有一段空隙，垫木也做了处理。驼峰体量较大，雕饰了花纹，檩下有金垫。五架梁梁头也做了处理。

倒座房屋顶铺设青色筒板瓦，其中保留明代狮纹勾头及滴水 20 余件。明间及次间梁架拱眼由五道叠梁相连成屏面，屏面上各刻镂空如意图案，叠梁两端与柱连接，榫口下各施粗大卷草纹雀替，刀法纯熟，走刀外槽皆有双沟刀痕。

东西厢房的柱头处理为卷云纹，对三架梁和五架梁之间的垫木做了处理。西厢房的下檐梁头雕狮纹图案，梁垫、檩垫条等木构件保存完好。（见图 4-41 ~ 图 4-45）

图 4-41　何可及旧居宅门上的板门

图 4-42　何可及旧居宅门下
　　　　　 的装饰

图 4-43　何可及旧居宅门上的外檐装饰

图 4-44　何可及旧居宅门内部的驼峰

图 4-45　何可及旧居宅门内部梁下的替木

　　正房五架梁与三架梁之间的垫木上雕刻了竹子形象，还有花草纹样。五架梁梁头直接伸出外檐柱，雕成卷云纹，梁上架设枋和檩条，承载伸出的一段檐。梁上施有坐斗，连接梁下的枋。（见图 4-46）

　　正房一层檐廊有挑檐枋、垫枋等。二层明间后檐墙前木雕神龛为祭祀空间，神龛现已经严重毁损。承重梁头雕有精美狮纹木雕图案，梁枋雕刻呈荷叶状，刻镂空二龙抢宝珠纹样，宝珠上雕"寿"字，刀法纯熟，均为双沟刀痕。（见图 4-47）

图 4-46　何可及旧居正房梁上的雕饰

图 4-47　何可及旧居正房檐廊下的穿插枋

4.3.1.2　七曲巷6号院落

1. 历史沿革

七曲巷6号院落，是何可及家族中的另外一家成员所居住的建筑。何家是当时最早的印刷和文具经营户，在滇西北颇具影响。何宅始建于清代同治年间，由于何家子孙众多，为解决住房的需要而在祖宅周边扩建了居住建筑。

2. 地理位置

该院落是位于七曲巷中的何家宅院之一。七曲巷位于金华镇西门街南侧的一条小巷中，因为它的形状是曲折的七道弯，所以取名为七曲巷。据说扩建后的何家院落就占据了七曲巷中的两曲巷的面积，院落宅门是从第五曲巷屋开始的。现在院落的宅门仅在七曲巷的末端，合院所处地势较低。

3. 合院的基本方位与格局（见图4-48、4-49）

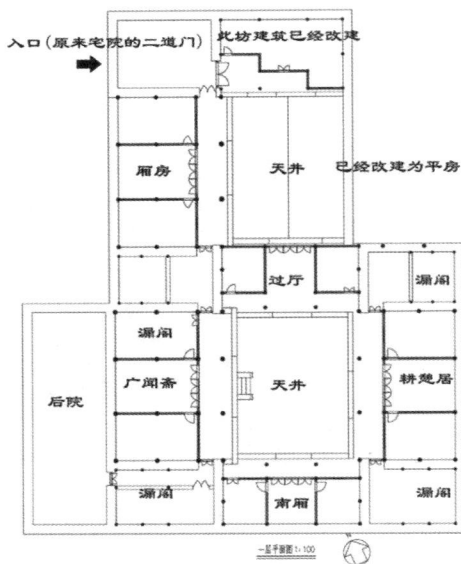

图4-48　何家宅院一层平面图　　　图4-49　何家宅院二层平面图

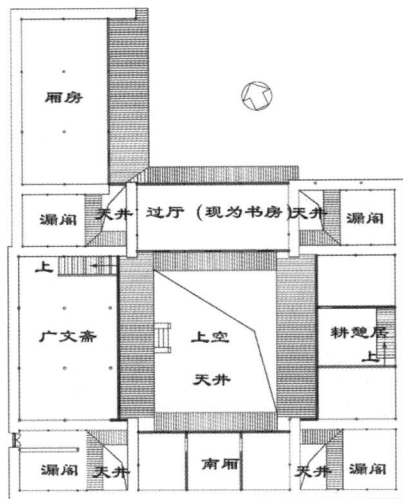

何家宅院由南、中、北三座院落组合而成。南院为四合五天井布局，中院为四合院布局，北院为三坊一照壁布局。可惜的是现在仅存两进院落，且仅南院形制完好无损，与中院的一座过厅相连。与初建的四合五天井布局一致，而中院仅剩下西面的一坊厢房，其他三坊建筑或被拆毁或被改建为水泥与砖砌筑的近现代平顶建筑。

何家宅院的四合五天井布局，一般合院坐北朝南，但现存的合院则为坐西朝东。

4. 合院建筑及其构造

中院内铺地为翻新地面，采用的是方砖、卵石与草皮相间的铺砌手法。

南院正房，名为广闻斋，坐西朝东，面阔三间，进深五架梁。明间面阔大于南北次间面阔，为一明两暗式。重檐悬山顶，椽上直接搭建筒瓦与板瓦。一层檐廊的檐椽为罗锅椽形式，为卷棚顶，驼峰也随屋顶的走势设计，上面雕有花纹，但其外部仍为单坡檐，檐廊悬挑空间较大。在其北次间一侧有楼梯间通往二层，二层主梁架为抬梁式，山墙上为穿斗式，仅在边缘上做了处理，为几何形状，五架梁与三架梁之间的垫木为规则几何形状，梁下没有替木。由明间到天井有四级台阶连接，台阶两侧有阶条石。

与之相对东面的一坊建筑，其形制与正房相同，面阔三间，进深五檩，一明两暗式，明间为隔扇门，南北次间为窗，通往南北次间的门开设在明间两侧的隔板之上，这座建筑称为耕憩居，写有此字的匾悬挂在上槛门簪上。耕憩居内通往二层的楼梯间位于其明间后部，楼梯间上部也设有祭祀的神龛，其二层不是一个连通的开阔空间，每间都由隔板分开。

北侧为过厅式建筑，明间一层是通道，靠其东侧有楼梯间通往二层。

院内四角的天井形制相同，靠近一坊的一侧都有漏房，为二层楼阁式，其对面的墙有影壁作用，写有"福"字等，天井内有带井圈的水井。（见图4-50~图4-56）

图4-50　何家宅院的天井铺地

图4-51　何家宅院广闻斋

图4-52　何家宅院天井
　　　　内的植物

图4-53　何家宅院鸟瞰图

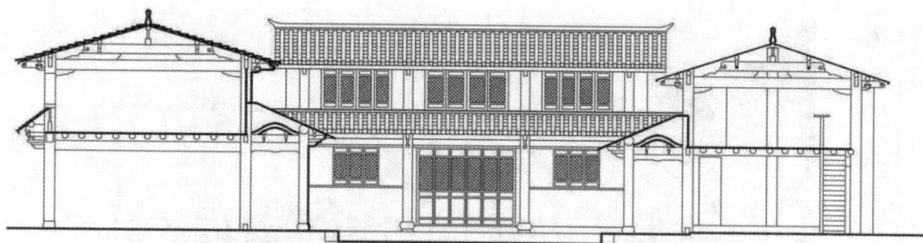

图 4-54　何家宅院剖面图（广闻斋和耕憩居的剖面）

图 4-55　何家宅院小天井内部照壁上的"福"字

图 4-56　何家宅院小天井的
　　　　　入口空间

　　四坊建筑相交之处，即在每两坊屋檐交角下有多边形转角墙，墙上铺设板瓦和筒瓦。东北角的转角墙是最为规整的，墙体刷白，上覆青色的瓦件。而西北角、东南角、西南角的转角墙平面垂直相交，墙皮剥落，屋面瓦件铺设同前。转角墙是由山墙延续相交而成的，不仅美观，而且也表明了天井位置的所在。（见图 4-57）

图 4-57 何家宅院房顶交接处

5.外檐装修

南院正房一层明间的金柱中缝上安装有一樘六扇的隔扇门，隔扇门上的雕饰已毁于"破四旧"时期，隔扇门上方的上槛装有两个门簪，广闻斋的匾便挂于其上。二层隔扇窗也与门的格局一样，没有过多装饰。（见图 4-58）

图 4-58　何家宅院耕憩居的格子门

耕憩居二层外立面上的窗户形式和做法与正房相同，其梁架结构为抬梁式。

南厢房的梁架和外装修基本与耕憩居相同，二层窗户的形式为花窗，明间开窗形式与东西次间的花窗形式不相同。一层东西次间为支摘花窗，上部为支摘窗，下部为固定格子窗。

北侧建筑二层西次间的窗户形式已经被改变，其他仍旧沿用原隔扇窗形式。北立面明间一般为一樘六扇的隔扇门，现仅存四扇，其他两扇已被改为单扇门。

6. 建筑装饰

南院正房檐枋下装饰较多，枋头和梁头伸出于檐柱，上面雕刻复杂纹样装饰。二层明间后方为祭祀空间，设有供案，神龛镶嵌在后墙体内。二层空间没有隔板，与天井中的建筑二层连通，但是由于建筑等级和位置的不同，两座建筑之间有高差比，正房二层地坪高于漏房二层地坪。

正房台基下两侧有一对小狮子，雕刻精细，形态可掬。

耕憩居二层中脊下的驼峰上没有装饰雕刻，五架梁下为几何形状的替木。

院内建筑的山墙内侧位于檐廊下的部分粉刷了白色灰浆，在其上绘有水墨山水画。院内大天井平面为正方形，铺地形式为卵石、草皮、青砖相间，天井四角处设有一个青石板案几，花草树木布满其上，显出一派生机盎然的情景。（见图 4-59、图 4-60）

图 4-59　何家宅院内墙上的绘画

图 4-60　何家宅院两座单体建筑交角墙体上端的装饰

4.3.1.3　西门街 59 号院落

1. 历史沿革

西门街 59 号院落, 与何可及故居相邻, 推测为何家的另外一处宅院, 后易主改为一王姓家族人使用。

2. 地理位置

该院落位于西门街北向小巷中, 与周围居住建筑相连, 整座建筑所在宅基地地势较高, 且院内地面平坦。

3. 合院的基本方位与格局（见图 4-61、图 4-62）

院落布局为一进两院式, 坐北朝南, 西院为四合院, 东院为三坊一照壁。合院第一进由大门、正房、东西厢房几组建筑组成。第一进四合院坐北朝南, 大门和正房位于其同一轴线上。

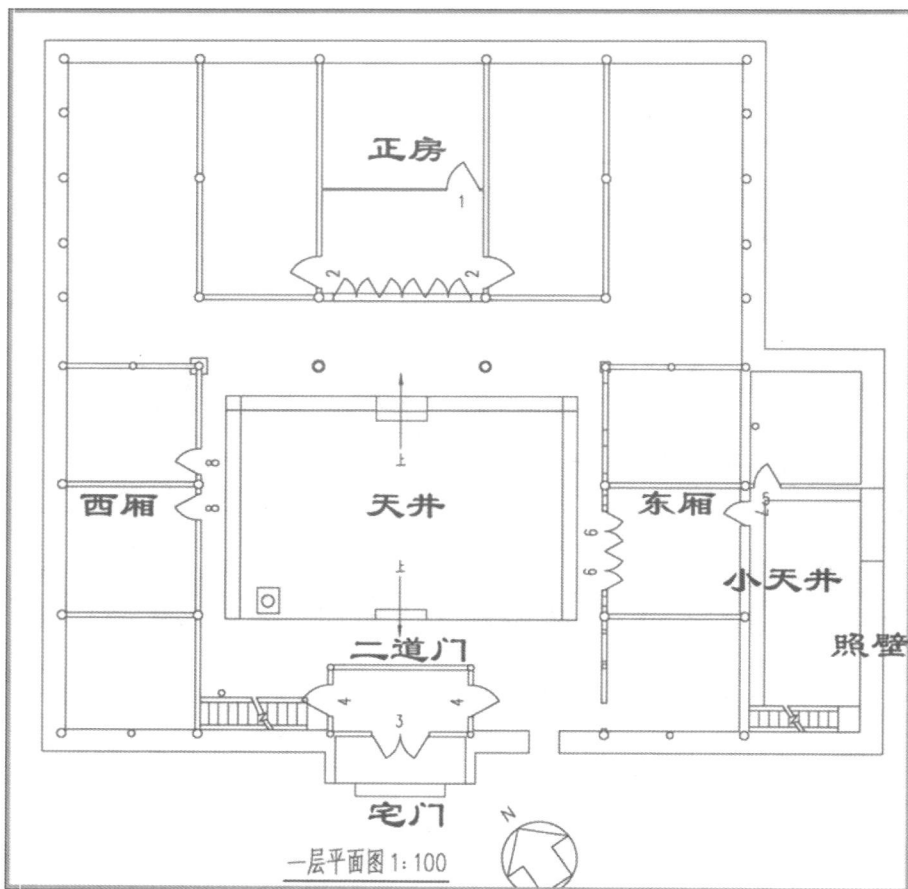

图 4-61　西门街 59 号院一层平面图

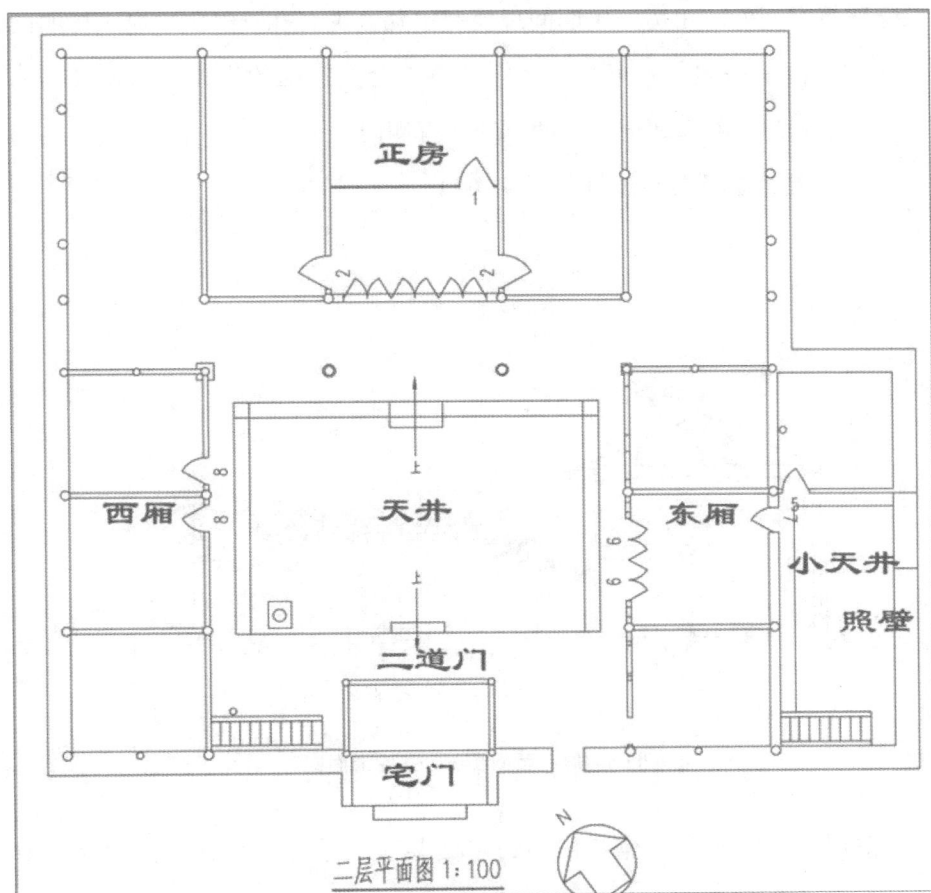

图 4-62　西门街 59 号院二层平面图

4.合院的空间关系

院内主房建筑尺度较大，是最高建筑，只有主房有檐廊，且其二层空间较大，是整个院落的核心建筑。东西厢房建筑平面、尺度等较为一致。东厢是第一进院落与第二进院落相交接的建筑，既是第一进院落的厢房、又是第二进院落的主房（其东面是院内的照壁）。东西厢房建筑均无檐廊，二层建筑空间低。正房一层明间现设有供几，供有孔子牌位。原正房明间二层有无设置神龛，不可考。宅门标志着合院空间的入口，檐口外高内低，正中开门，共有两道门，两侧还开有侧门。

5.合院建筑及其构造（见图4-63）

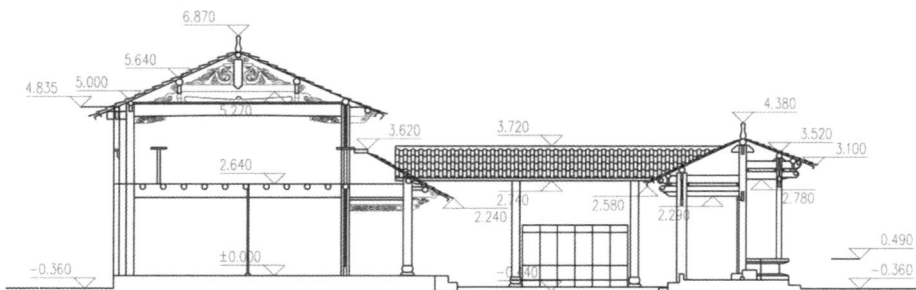

图4-63　西门街59号院剖面图

宅门为屋宇式，单檐悬山顶，平面共有三排柱子，分别为中柱、内檐柱和外檐柱，柱子不是特别粗壮，中柱直接上伸到中檩之下，共有两道门。外檐柱、中柱嵌入山墙墙体之内。山墙上部由土坯砌筑，下碱部分为石刻的须弥座，由上枋、上枭、束腰（这一部分比较宽，上面刻有花纹）、下枭、下枋五个部分组成。其上枋和上枭、下枋和下枭之间都有方涩，上、下枭边缘没有刻出弧线而使用了直线。须弥座转角处做成"玛瑙柱子"形式，仅在正门平行一侧面转角处刻出竹节样式。（见图4-64、图4-65）

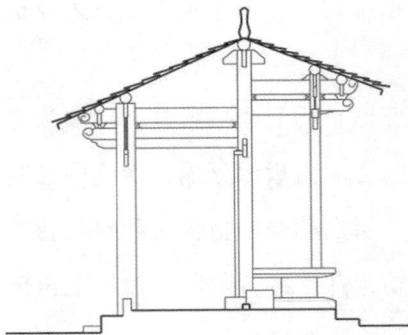

图 4-64　西门街 59 号院宅门剖面图　　图 4-65　西门街 59 号院宅门下碱上的雕刻

　　宅门两侧上部的墙体为砖砌空斗墙，与之相接的院内侧墙体为土坯砌筑，伸入檐枋雕饰之下。山墙墙体及大门门厅位于石台基上，高于室外地坪。台明上铺砌方砖，呈菱形铺设，门槛内外地面上没有铺设分心石和拜石。须弥座一般仅用于等级较高的建筑中，而这里却在普通民居中使用。虽然须弥座形式有所更改，但代表了屋主人的身份与地位。

　　正对的二道门为屏门，屏门是一种用较薄木板平攒的镜面板门，其作用主要是遮挡视线、分割空间，四扇一组，有门轴。其内檐低于前檐，椽子上直接铺设板瓦和筒瓦。大门山墙两侧与土坯墙相连，为外院墙。外檐柱和中柱之间有两条通道，一般屏门不开，由此出入。和前檐柱相同，其上的撩檐枋已经掉落，梁头上有挑出的飞椽。

　　正房坐北朝南，面阔五间，进深五檩。明间为抬梁式结构，中檩下施有脊瓜柱，与驼峰结合。次间梁架较明间简单一些，没有驼峰，为穿斗式结构。稍间山墙上的结构为五柱直接上升到相应的檩下，民间称为"五柱落地"，实际上是穿斗式构架，柱和梁相互垂直穿插。整体建筑都为二层楼阁式，开间布局为一明两暗，重檐悬山顶，两侧楼梯间已毁损。一层外檐廊较为开阔，明间被隔为前后两室，前室作为祭祀与会客空间，后室现在为卧室。正房台基高于其他建筑。一层檐廊的檐下做吊顶，结构为罗锅椽组成的卷棚顶。

东西厢房结构相似，面阔三间，进深三檩，明间为抬梁式，山墙为穿斗式，重檐悬山顶，上下楼阁建筑。明次间之间由板相分隔，明间中柱的脊檩下有脊瓜柱，柱脚两侧用脚背固定。一层出檐是由抱头梁和穿插枋伸出金柱外侧一段距离，梁上再施短柱，梁枋穿斗，结合紧密，短柱上再架设檐枋和檐檩。一层明间作为卧室，北次间作为厨房，且在其内引入了上下水管道，南次间设有一楼梯直上其二层楼。屋面铺设的瓦件为筒瓦和板瓦相结合。瓦当纹样经过历代更换，形式各不相同。

此院内大天井为四方形，西南角上有一口带有井圈的水井，天井四边铺设鹅卵石，内侧为条砖，中轴线上铺设条石，同时种植有各类花草。

通过东厢明间过厅就进入了一个狭窄的三坊一照壁院落中。院落平面为长方形，由东厢房和南北各一开间的漏阁组成。南侧的漏阁为两层，已经倒塌，北侧漏阁为一层，照壁形制已经改变，其原来北侧本来开设有一小门，现门已经封闭，仅剩下一面墙壁。北侧的漏阁原为厨房，现已经荒废。南侧漏阁内原来设有通往东厢二层的楼梯。三坊建筑位于同一地坪台基上，院内天井杂草丛生。（见图4-66、图4-67）

图 4-66 西门街 59 号院侧院中倒塌的建筑　图 4-67 西门街 59 号院侧院的天井杂草丛生

6．外檐装修

宅门的式样为双扇棋盘门，是用于一般府邸的宅门，四边用较厚的边抹攒起外框，门心装薄板穿带，门由抱框、上中下槛、门框、余塞板、余塞腰枋、短抱框、走马板、门簪等组成。门下槛是木制的，安装在门枕石上，门枕石为正长方体，与门平行的面上刻有海棠纹。门上镶有方框门，门框下槛两侧为门枕石。门枕石上装有大门转轴。门簪为菱形立方体，上面架设有"双魁"的匾。门槛内部的门厅构件较为简单，穿插枋和梁头都没有过多装饰。

正对的二道门由抱框、上中下槛、门框、余塞板、余塞腰枋、横披窗等组成。中槛和上槛的横披窗由三部分组成，正中为棂条组成，呈棋盘格子状，两侧窗为正方形，图案组合与前不同。（见图 4-68、4-69）

图 4-68　西门街 59 号院宅门的二道门　　图 4-69　西门街 59 号院宅门上的横披窗

正房二层外装修与一般式样相同，在稍间外侧设有单扇板门，作为进出的界定，支摘窗与之相邻，二层外出檐与前相同。门开设在明间两侧的隔板壁上，窗户形制现已改变。一层东西稍间上槛有横披窗，窗呈棋盘状，开设了单扇门，门一侧有槛墙和支摘窗。现在西厢房窗户的形制有所改动，但格局未改动。二层窗户已经掉落，不可考。

与之相对的东厢是一个过厅建筑，明间为过厅，两侧由隔板封闭，其金柱中缝上安装有隔扇门，门上部做出几何纹样。南北次间开设门窗单独使用。二层仅有明间开设隔扇窗，其他两次间用木板封闭。

侧院中的北侧漏阁外装修为单扇门、槛墙及其上的花窗与横披窗。

7. 建筑装饰

宅门两侧墙体石基须弥座的雕刻在束腰正立面和侧立面上都有刻花，两侧正立面上的图案和构图都不相同。西侧为莲花荷叶，东侧为牡丹花，雕刻精美，镶嵌在一个有海棠纹角的方框中，与其内侧即靠门一侧的束腰上雕刻纹样相同，是几何绳纹样式。（见图 4-70）

宅门门头屋檐下的穿插枋枋头刻有如意花，为透雕，花上再生花，花为立体雕刻，有花瓣，承托其上的抱头梁梁头，梁头也是平雕的卷云纹。

檐廊下抱头梁和穿插枋之间靠近檐柱与中柱的位置有两个弧形装饰构件，穿插枋下垫枋透雕出了花草纹，伸出檐柱外的部分做成弧线形状，没有其他装饰。檐枋、楣子、替木等也都采用透雕手法，图案和花纹各不相同，抱头梁上挑出的撩檐枋及其下部的构件也有雕饰。（见图 4-71）

图 4-70　西门街 59 号院宅门门枕石　　　图 4-71　西门街 59 号院宅门外檐装饰

二道门内檐柱的抱头梁和穿插枋上都有雕刻花纹。

正房中脊下的驼峰雕刻有纹样，为双勾线雕。五架梁与三架梁之间的垫木上雕有如意花纹，五架梁下与檐柱相交处有替木，其上雕刻有花纹。正房檐廊下的抱头梁和穿插枋等构件都雕刻有花纹，替木已经毁损掉落。

4.3.2　明代武将世家民居——以赵将军府邸为例

1. 历史沿革

赵将军府邸始建于明洪武三十年（1397）左右，现院内居住有三户人家。正房明间及倒座房仍为原主人后代居住，正房南北次间住有一户人家，小天井内住有一户人家。

2．地理位置

该院落位于金华镇上营盘 26 号，此区域中民居建筑分布较少，且处于城墙附近。

3．合院的基本方位与格局（见图 4-72~4-74）

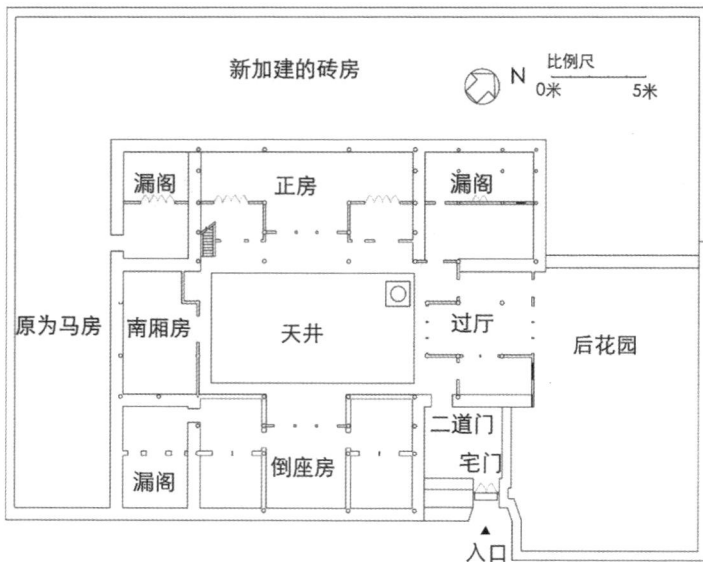

图 4-72　赵将军府邸院落一层平面图

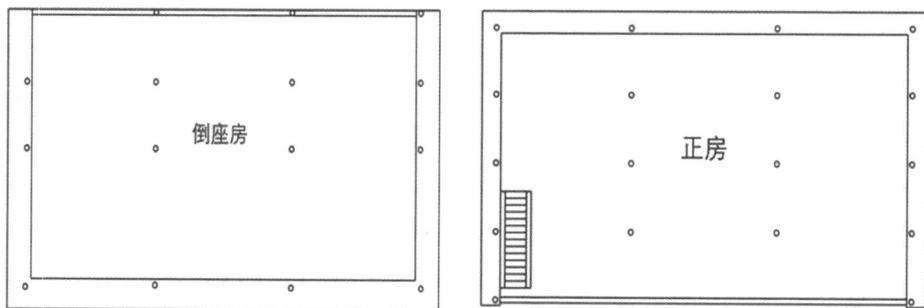

图 4-73　赵将军府邸正房和倒座房的二层平面图

92

图 4-74　赵将军府邸院内一角

该院落占地面积约为 500 平方米，地势较为平坦，院落天井地势较低，位于正中的大天井设有排水沟。平面为四合五天井合院形制，有宅门、二门、正房、倒座房、东西厢房、大天井及四角上的小型天井构成。院落坐西朝东。以前合院有马厩和后花园，现马厩已拆除，后花园已改为种植蔬菜的菜园，但整体合院保持原建筑格局。

4. 合院的空间关系

正房明间正中设有大型神龛，神龛占地面积相当大，几乎占据了整个明间西面墙壁。神龛做成屋宇式，有三开间，其明间屋檐高于两侧的屋檐，有枋、雀替等建筑木构件，装饰华丽，龛内供奉了天地牌位、主人家的祖宗牌位等，是典型的祭祀空间，在一般有条件的家族里都会供有这样特殊的建筑空间，所以明间二层一般不做其他功能使用。在次间两侧有楼梯可以通往二层，楼梯间设有板门。其他二层作为储藏空间使用，如若家里来亲戚时也可用来居住。一层室内无铺地，是一种所谓的"趋利避害"的做法，即接地气，还有"土在合院中央"的中尊观念。

倒座房的明间正中设有中堂的几案、八仙桌、长凳等家具陈设，是招待客人的客厅，室内也无铺地。次间作为居住空间，其内部结构较为简单，家具陈设也较简单。

5.合院建筑及其构造（见图4-75）

宅门从建筑形式上属于房屋形态组成的屋宇式大门。大门形制是仅次于王府大门的宅门形式，是具有相当品级的官宦人家采用的宅门形式。一般在四合院中，垂花门出现在二道门的位置，但这里的宅门建筑形式不同于以往的宅门建筑形式，是一座歇山式屋顶，且配合垂花门形式的屋宇式大门。

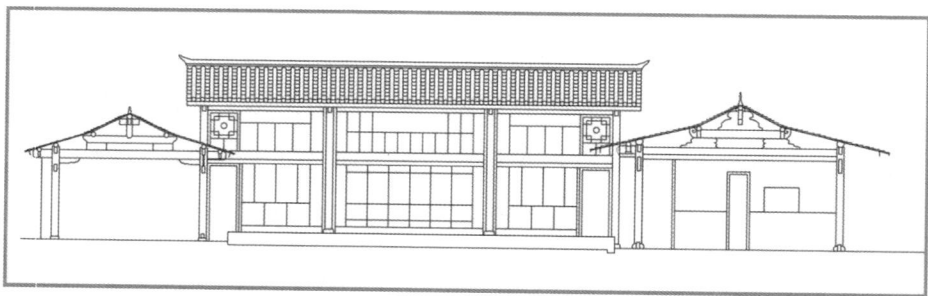

图4-75　赵将军府邸建筑剖面图

此宅门金柱安装有一樘门扉，可以进行开关，由抱框、门框、横槛、门扇以及门簪等构件组成。大门白天开启，夜晚关闭，有防御功能。宅门平面有六根柱子，前面两根为前檐柱，后面两根为后檐柱。

　　宅门有特色的构造是它向内外各挑出的梁及其下悬挑出的垂莲柱头。梁是垂花门的主梁，后端梁头作为原柱头的样式（圆柱头样式），与梁头齐平，与后檐柱相交并向内挑出，前端与前檐柱相交并向外挑出。两端梁头下面各悬吊一根 60 厘米长的垂柱，柱为方形，柱间有檐枋（又称为帘笼枋、罩面枋等），与所有构件相连接在一起。

　　宅门屋顶的搭法是将金柱直接伸出，正脊檩与之相交。在檐柱上搭接一个斜梁，内侧斜梁梁头做出斜角，然后在其上嵌有一个与之相垂直的木构件。斜梁头上还是短柱，柱头 45°方向又搭接梁，这样梁头会直接伸出屋角，伸出屋面的梁头做了处理，为圆弧状，端头还雕出了方柱造型。（见图 4-76、图 4-77）

图 4-76　赵将军府邸宅门（1）

图 4-77　赵将军府邸宅门（2）

　　屋面部分采用歇山式，正脊用筒瓦排布，脊角做成上翘形状，垂脊做法与之相同，但在脊底部与屋面瓦件相接的地方用六边形砖支起形成清水脊蝎子尾。屋面瓦件是由筒瓦和板瓦相互交替摆布的。在瓦件端头扣有瓦当，瓦当上刻有狮子等兽面纹，现瓦当已不存在。宅门不像传统白族民居中的大门，门头要高于与之相接的墙壁或是屋檐。而相反，门头虽高于围墙，但与之相连的倒座建筑高度仍高于此门。

宅门内侧的台基由天然石块铺垫，高于室内外地坪，高度为180毫米，由六块长方形块石铺制而成。因为此宅门不同于一般垂花门，它的山面是穿斗式结构，故两侧搭建了墙体，起到了稳固的作用。墙体下碱相当于建筑台基，是须弥座式台基，即台基两石块的交接处呈束腰状，做出了圆角。

宅门墙体的砌法为空斗墙，只是用规矩的块砖结合白灰直接砌筑，也是一种淌白墙做法。墙体不直接伸入梁枋下，而是在穿插枋下结束。墙上部的做法是用砖叠涩出来的拔檐、盘头、头层檐等类似山墙墀头的做法，砌出的墙体偏于粗糙，但比糙砌砖墙又相对整齐和讲究些。

由宅门入内，就是一座小型天井。这座天井由倒座北侧山墙、北厢房东面山墙、围墙和宅门围合而成。天井的地面由条石分割为四等分，在每个方格里用卵石铺设。

二进门类似屏门做法。屏门起屏蔽遮挡作用。它仅起到屏风的作用，无防御功能，同时它还有界定空间的作用。屏门是北厢房山墙的延伸，类似三坊一照壁中的照壁形式，一高两低式，这是典型的白族民居照壁的做法，亦称之为"三叠水照壁"，但其外观和照壁相似，其功能与照壁相差甚远，在这方面起到界定空间的作用。由于院内空间是通透的，因此照壁是作为对景使用的。门上有檐沿墙面出挑，瓦檐高翘，其采用三间牌楼式造型，出檐比较短，檐下无斗拱，仅用砖叠涩装饰，砖与砖的接缝处用白色灰浆勾线。内侧柱脚有两块方石，横槛就镶嵌在石块上，还有抱框、门框、门扇等构件，门扇是用整块木板做成的板门。墙体下碱是粗制的石料，为方形。（见图4-78、图4-79）

图 4-78　赵将军府邸二道门

图 4-79　赵将军府邸南厢房
　　　　　　邸下的梁枋

　　门内地坪高于天井地坪约 20 厘米，与北侧厢房地坪相接。进入二道门是一个狭小的空间，北厢房东侧的檐柱和金柱间镶有一隔板，其作用是划分空间，同时作为二道门的照壁。

　　大天井位于整个院落的中心，成下陷地势。天井中铺设青石板，沿院落南北、东西中轴线铺设，其他部分铺设卵石。院内有排水的沟渠，深15 厘米左右，宽 30 厘米左右，沿整个天井外侧设置，且在其内侧铺设砖块。据所居住的住家描述原天井中的排水渠道与上述不同，而是呈曲折状的排水渠，有"肥水不流外人田"的讲究。但这不便于天井内部的排水，即便现在，渠道的形式也不利于排水，加上院落地势西高东低，每逢下雨时院内积水严重。

　　天井西侧是堂屋（正房），正房是整个院落中的主要建筑，采用五檩前廊构架形式，面阔三间，进深五架梁，平面的进深方向排列 5 排柱子，它们是前檐柱、前檐金柱、金柱、中柱、后檐柱，前檐柱和前檐金柱之间为外廊。根据现在的形式判断为一明两暗式，同时南北两次间是前檐柱和前檐金柱用隔板围合出来的，平面形式是个"凹"字形。屋顶建筑形式是单檐悬山顶，屋架为穿斗式，五根柱子直接伸起，共有两层，单从外立面看仅有一层，是被称之为"闷楼"的建筑形式，檐柱与金柱之间施以抱头梁和穿插枋，二层楼板直接搭在梁上，伸出的梁头上、枋上没有雕刻装饰。而二层楼板直接伸出，将前檐柱、前檐金柱、中柱、后檐柱等连接起来，二层隔板安装在前檐柱中缝之上。（见图4-80、图4-81）

图4-80　赵将军府邸正房（1）　　　　图4-81　赵将军府邸正房（2）

　　这类正房会出现屋脊不居中、后檐高于前檐的现象，但该院的正房将前檐金柱直接通于金檩之下形成了钻金柱，又使用了穿斗式做法，所以整个屋脊是对称的。屋顶由筒瓦和板瓦铺设而成，其正脊起翘成为一个反抛物线形状，屋顶瓦做法也较简单，仅用两层板瓦构成，属于清水脊。正脊两端是最精彩之处：楣子端头向斜上方（30°～45°）翘起，称为蝎子尾；竖立在蝎子尾两侧的称为"跨草"；在梢陇（最外边的一道用筒瓦摆排的瓦陇）外侧加辟水檐，称为辟水梢陇。檐廊下铺设为六角砖，而在金柱与檐柱柱缝之间的地面上铺设条形砖，台基边缘压有阶条石，一级踏步连接正房和天井。

　　两侧墙体为土坯墙，将建筑物侧面的构架包砌起来不外露，有保护木结构的作用。而椽头和檩条都露于山墙之外，为保护椽头和檩条的长久性，一般沿着伸出山墙屋檐之外的椽头之上挂有瓦片（在博风板内侧）。

与之相对的一坊（类似四合院中的倒座房的位置）。作为临街建筑，一般体量都不大，不带檐廊。面阔三间，进深五架梁，平面的进深方向排列 3 排柱子，它们是前檐柱、金柱、后檐柱。根据现在的形制判断为一明两暗式，同时南北两次间是檐柱与金柱及隔板壁围合而成的，其平面形式呈"凹"字形，明间有檐廊。明间的格扇门有六扇，门是安装在前檐金柱中缝上的，东南两侧的窗户是安装在前檐柱中缝上的，窗下是隔板壁。（见图 4-82、图 4-83）

图 4-82　赵将军府邸倒座房

图 4-83　赵将军府邸北厢房

屋顶建筑形式是单檐庑殿顶、五架梁、抬梁式结构。三根柱子直接伸起至檩底，共有两层，单从外边看仅有一层，也是闷楼建筑形式，檐柱和金柱之间施以抱头梁和穿插枋。二层楼板直接搭在梁上，伸出的梁头上、枋上没有装饰，即二层楼板直接伸出，将三排柱子连接起来，二层隔板是安装在前檐柱中缝上的，隔板上部有镂空呈方格状，这些窗户类似现代高窗，既利于屋内空气的流通，又达到了防御目的。

屋顶由筒瓦和板瓦铺设而成，脊两端也是清水脊蝎子尾做法。在梢陇（屋顶最外侧一道用筒瓦摆排的瓦陇）外侧加辟水檐。檐廊下铺设六角砖，在金柱与檐柱柱缝上铺设条形砖，台基边缘压有阶条石。

整体建筑外观较为简单，没有过多装饰。两侧墙体为土坯墙，将建筑物侧面的构架包砌起来，其作用为保护木结构，但椽头和檩条露于山墙之外，为防护椽头和檩条，使用博风板和椽头上挂板瓦进行防护。

院落南面是一坊最为低矮的建筑，它连接着正房和倒座房，面阔三间，进深五檩，平面的进深方向排列3排柱子，它们是前檐柱、金柱、后檐柱。明间面阔明显大于次间面阔，明间和东侧次间是由前檐柱中缝上加隔板围合而成的。屋顶建筑形式是单悬山顶，仅一层。

北厢房为过厅建筑形式，即其南北向都开门，将六扇隔扇门安装在其明间南北两侧的金柱或是檐柱中缝上。南北厢房结构基本相同，为面阔三间、进深五檩、一明两暗式，单檐两滴水悬山顶，脊饰为清水脊蝎子尾。南厢房明间和东面次间的外檐柱与金柱间有隔板，西次间露出外檐廊，北厢只有明间没有外檐廊，平面呈"凸"字形。

南厢房现为厨房，炉灶位于南厢房东侧。整座建筑室内没有分隔板或是墙体，地面为土地，无铺装。梁架上的梁、檩等出头都无任何装饰，木质已变色，通体为黑色，看不清楚原来的木材材质。北厢房的墙体都是由土坯砌筑而成的，没有粉刷痕迹，其明间室内为土质地面。（见图4-84）

图4-84　赵将军府邸南厢房

　　向北出北厢房后，就是原来合院的后花园，其形制已经辨不清楚，现在已变为菜园。北侧有一个用汉白玉砌筑的水池，外围有栏杆、栏板，上面刻有花纹等图案，这以前是作为花园中的水池或盆景池的，现种植了各类花卉。合院院墙由土坯砌筑围合而成，除入口的小天井外，院落的西南、西北还有两座小天井，天井内与正房相连接之处有一坊建筑，其高度明显低于正房高度，但是二层与正房二层相连接，建筑形制现已改动。（见图 4-85）

图 4-85　赵将军府邸已变为菜园的后花园

　　水井是整个院落生活用水的来源，小天井内部都有水井，院中大天井的西北角也有一口井，井上有井圈，井边种有一株石榴树。

6.外檐装修

　　正房明间的格扇门有六扇，门是安装在前檐金柱中缝上的，东南两侧的窗户是安装在外檐柱的中缝上的。现在的格局已改为隔板，其位于前檐柱和前金柱之间，并在东立面上开有窗户与门，作为进出建筑的空间使用。

　　正房二层隔板上部有镂空花窗，图案为花草纹等。这些窗户与现代高窗功能相同，既利于屋内空气流通，又达到了防御目的，同时还有装饰效果。两个前檐金柱中缝镶有石条，六扇隔扇门安装其上。隔扇门在宋代称为"格子门"，是安装在建筑物金柱或是檐柱间用以分隔室内外空间的木装修门。通常，隔扇门是安装在正房明间的，一樘有四扇，而这里的隔扇门一樘为六扇。隔扇门的外围有槛框、柱、枋等大木构件连接固定。槛框的构成与隔扇所在的位置有直接关系。因为二层闷楼比较低，所以隔扇上方没有横披窗，只有上槛和下槛，中间的净空间为隔扇。（见图4-86、图4-87）

图4-86 赵将军府邸正房二层的横披窗

图4-87 赵将军府邸正房明间内的神龛

按以往规定，平时两侧窗扇是固定不开启的，仅开启中间两扇或旁四扇。现在次间隔板上的窗户下部为板格，上部是窗框，框上镶有玻璃，其上有横披窗，没有分割，窗有多宽，上面的横披窗就有多宽。入户的门靠近明间一侧开设，其上没有窗户，门为板门。

倒座房两根前檐金柱中缝镶有长石条，六扇隔扇门安装于其上。隔扇门外围有槛框、柱、枋等大木构件连接固定。

北厢房外隔板上方有棂条高窗为格子状，无任何附加装饰。槛框构成与隔扇所在的位置有直接联系。隔扇上方有横披窗，有上槛、中槛和下槛，中槛和下槛中间的净空间为隔扇。平时两侧门扇是固定不开启的，仅开启中间两扇或四扇。现在次间隔板上的窗户为后加建的，窗框上镶有玻璃，形制已改，下部为板，分为三等分。

北厢房门窗已经改动，虽可分辨出是同一时代的物品，但是形式不统一。北厢房南北明间都设有一樘六扇隔扇门。室内有隔板，将房间分隔为三间。

7. 建筑装饰

宅门西侧（内部）之上槛绘有"富贵牡丹图"，代表富贵的寓意。

此宅门的一个典型特点是外表看似简单，但屋顶下的梁架等构件装饰较为复杂。宅门两侧的垂柱端头刻有覆莲样式的圆雕。其前檐除垂莲柱上面有雕刻外，在檐枋和罩面枋之间还有折柱（用于分割花板的短柱）和透雕花板，檩与枋之间有装饰图案，罩面枋下安装有透雕花罩。

宅门饰有垂莲柱，呈 45° 方向位于梁头下方，与之垂直两个方向的垫枋出头并刻有各式的花纹（随着时间的推移，装饰图案已无法分辨清楚）。与外檐柱、内檐柱相交的梁、枋之间也有雕饰，有三块矩形（且在角上刻出海棠纹）木板上雕刻有浅雕，图案分辨不清楚，外檐柱下的装饰已经不复存在。（见图 4-88、图 4-89）

图 4-88　赵将军府邸宅门檐下装饰　　图 4-89　赵将军府邸倒座房檐下木雕

与穿插枋相交的进深方向伸出的枋头有纹样装饰，且檐柱外侧还有一根短柱搭接在伸出来的穿插枋枋头之上，短柱下端刻有仰莲花纹样，且只有靠近门内侧方向才有雕饰，外侧无雕饰。在这些雕饰上都有过镶金或镏金的痕迹，这些都可从现存的残片上辨认出来。

宅门所对的墙（北厢房东侧山墙）上写有一个"福"字，山墙上有辟檐（辟檐已毁，只留下原来土坯的痕迹），墙体现在粉刷为白灰墙壁。其下部垫有一段高约 30 厘米的石台基，墙体上除了字外没有任何装饰。

二进门叠涩砖下墙体上绘有几何纹样，整体色彩为黑色，几何中心和砖缝用白色勾线。檐下有梁、枋，梁头与枋头上刻有花纹图案。与前面宅门的枋头等雕刻手法不同的是这里的纹样造型是规则的折线纹雕刻，无论是兽头还是花纹都是折线形（除位于穿插枋上的花与草为曲线造型外）。门两侧墙体也用砖砌成空斗墙，砖与砖之间为黑色勾缝，砖上为白色勾缝，与檐交接处也用砖叠涩，墙面上也有几何纹装饰。

正房的两根前檐柱下有柱础，为鼓状，中间凸起。柱础虽风化较为严重，但仍可辨认出其上刻的鼓钉状圆点。

隔扇门雕刻风格一致，下部为板，使用平雕工艺。平雕是在平面上的，通过线刻或阴刻方法表现出图案的实体雕刻手段。隔扇门裙板分为三部分，上下所占比例是整个裙板的五分之一，最下部格心上没有雕花，只勾出轮廓，四角不做成直角，而是沿 45° 方向切出一个钝角。裙板中部有一个团寿字，其雕法为阴刻，将其图案以外的地子全部平刻下去，以衬托出图案本身。寿字四个角上都有一只蝙蝠构成的角花，使用了阴刻手法，比福字雕刻得浅一些。

裙板上部的五分之一也和下部做法一样，但格心部分刻有阴刻花草纹的卡子花，不仅美观而且连接着上下棂条起到加固作用。隔扇上部使用透雕的手法，图案是梅花窗形式，即木条相互交角为 90°，在交角处刻有梅花图案。

建筑整体外观较为简单，没有过多装饰。山墙内侧露出来的墙壁上一般刷有均匀的白灰，在墙面上绘有山水和花鸟画。

倒座房两根前檐柱下有垫石，风化较为严重。前檐廊的檐枋和穿插枋之间有装饰的板块，是折线形的，还有几何花纹。穿插枋下是雀替，上为透雕的花草纹样。枋头、穿插枋等都刻有装饰纹样。檐廊内部穿插枋上刻有吉祥寓意的图案，如"寿"字、蝙蝠纹样等。隔扇纹样现已经毁损，不可考，仅可辨认出隔扇上部使用的是透雕手法，图案是梅花。

由相交呈 90° 的木条形成木格子后，在其交角处刻有梅花图案。

北厢房檐下的枋、垫枋、枋头都刻有花纹图样。正脊檩两侧都有雕刻，且在梁之间不用短柱支撑，而是用四角雕出海棠纹的木板支撑，梁头上刻有云纹状，外部隔板上方有镂空的花窗。

4.3.3　清代文人世家民居——以忠义巷三苏院为例

1. 历史沿革

忠义巷三苏院曾为美术评论家苏民生、体育教育家苏竞存、核物理学家苏峙鑫的故居，始建于清同治十三年（1874）。

2. 地理位置

此院位于南门街忠义巷，是整个忠义巷的起点居住建筑。现在的门牌号为忠义巷 11 号。

3. 合院的基本方位与格局（见图 4-90、图 4-91）

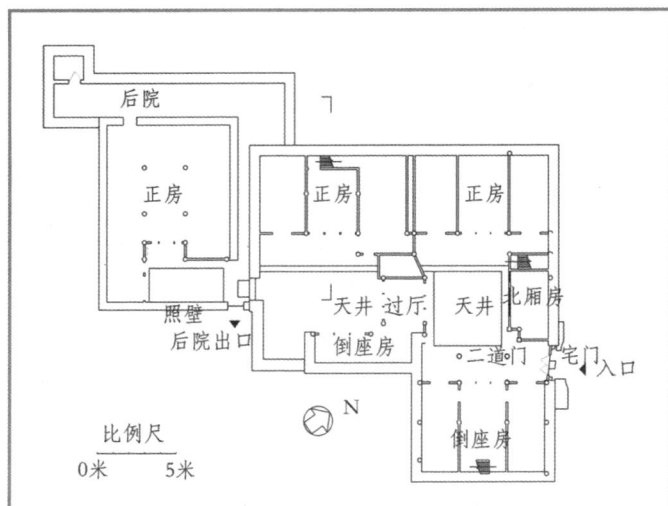

图 4-90　忠义巷三苏院合院一层平面图

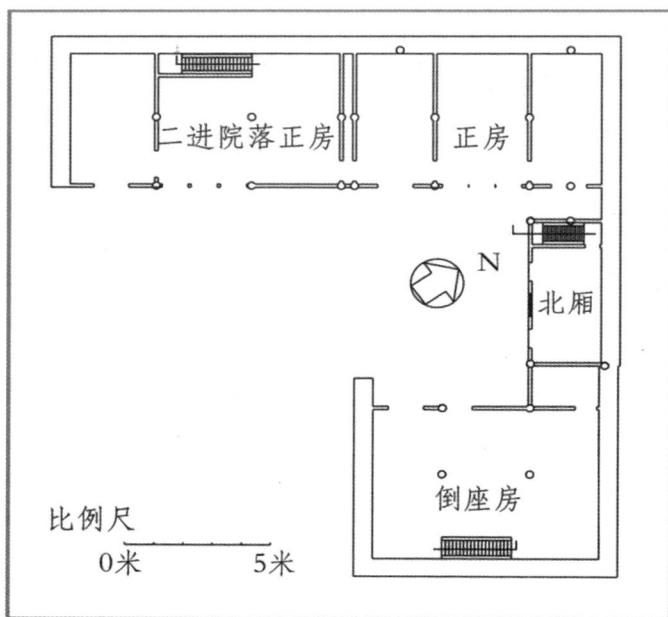

图 4-91　忠义巷三苏院合院二层平面图

此院落为二进三院式，是由北院、中院、南院沿南北轴线一字排开的。北院是整个院落主体院落，是四合院，中院也是四合院，但大小度小于北院，南院为三坊一照壁式（现仅剩两坊建筑）。其后还有一处建筑，但形制不完整，且已荒废。整个院落布局完整、合理，结构紧凑，院内建筑装饰华丽，是小型多组合院落合院的精品。

4．合院的空间关系

在居住空间的使用上，现在仅正房内居住着一对母子，其他空间都无人居住和使用。

祭祀空间位于正房及倒座房二层楼上，原来都设有神龛，现仅剩下倒座房内设有神龛。

5．合院建筑及其构造（见图 4-92）

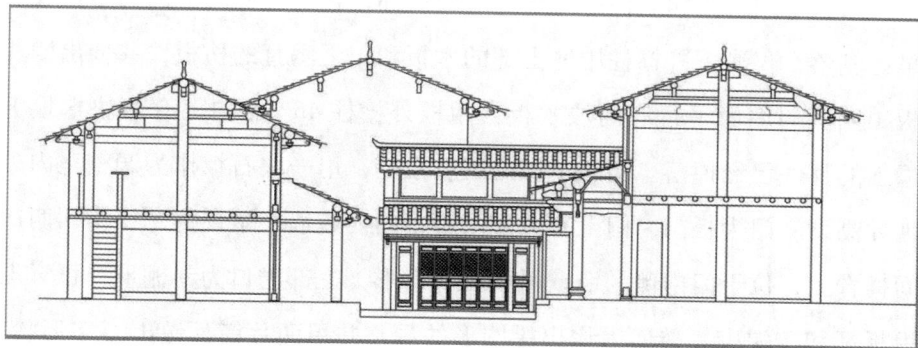

图 4-92　忠义巷三苏院合院北院剖面图

院落宅门位于北侧一端，是屋宇式宅门，突出于墙面，为三开间，门头由木和砖石等材料搭建而成，明间屋檐高于两个次间屋檐，明间有三排柱子，金柱中缝上安装有门槛、门框等。（见图 4-93）

图 4-93 忠义巷三苏院合院宅门

门头上的枋头和装饰都已经腐朽而毁坏，特别是明间上部的木构装饰早已剥落，仅剩下外檐柱中缝上部的木板和与之垂直的枋板，共伸出四块板（明间与墙面平行有两块木板，两根外檐柱45°方向上有两块木板），檐上的瓦件已经掉落。明间下碱是石质台基，用一块石板作为调整室内外地坪高度。门为板门，门上有方形门簪，门内砖墙上呈现仿木结构。两次间檐脊上，位于门内侧的墙壁平面为八字形，上部檐口为卷棚形，正脊上用板瓦和砖混砌，砖面上掏出椭圆形的洞，并用两片筒瓦做出万字形状，屋脊为蝎子尾状，屋檐起翘，檐下有叠涩砖石，砖上刻有几何形图案。在两次间的下碱有收分做法，上刻有竹节纹样，意为"竹报平安"。北侧墙面上有仿木格扇窗样式，砖墙叠涩为"工"字纹砖，然后在空白墙面上砌出格子状，屋面由筒瓦与板瓦相结合砌筑而成。宅门内外地坪有高差。

宅门内所对为一扇双扇门，板门形制，安装在宅门金柱中缝上。进入门内正对的是二道门，其一侧还有一个出入口，是连通大门和天井的过渡空间，其空间较为狭小，并且光线昏暗。北厢房二层是直接搭建于此的。通道口即在北厢房的檐柱和倒座房的檐柱中缝上方安装了类似几何装饰的花罩门。这个空间有欲扬先抑的作用，此门不经常开放。

　　二道门内侧是一进院落的倒座房，倒座房对面是正房，其两侧为南北厢房，由四坊建筑围合而成一座大型四方形天井。这座合院建筑群的主轴线是东西朝向的，坐西朝东，而三个合院所形成的长轴线又是南北向的。（见图 4-94、图 4-95）

图 4-94 忠义巷三苏院合院
　　　　 屏门（1）

图 4-95 忠义巷三苏院合院屏门（2）

　　北院正房坐西朝东，单檐悬山顶两滴水有檐廊，二层出厦，为穿斗式和抬梁式相结合的木结构梁架形式。面阔三间，为土坯墙砌筑。屋面为板瓦和筒瓦相结合的合瓦屋面铺设（见图 4-96）。六角砖地幔前廊，前檐下结构为卷棚顶式样，梁为曲线状。正房为一明两暗式，明间为格子门，次间槛墙上镶有木漏窗。正房台基台明外砌石块，其他地方铺砌六角砖。室内也铺砌着六角砖，室内净高 2 米左右，明间格局有所改动。

图4-96　忠义巷三苏院合院屋顶形式

一进院落（北院）正堂与之相对的倒座房是一进院落的主体建筑，坐西朝东，正房和倒座房都是两滴水单檐悬山顶，面阔三间，五檩抬梁式，一明两暗式。

正房与倒座房梁架结构基本相同，明间结构为抬梁式，次间山墙为穿斗式。墙体都为土坯砌筑，檐柱粗大。正房台基最高，倒座房次之。

通往第二进院落的入口位于南厢房西侧，通道与南厢房进深相同，但是并不与其平行，而与南厢房的山墙有夹角，是个斜向通道。第二进院落由三坊建筑围合而成，南向的建筑和墙体已经倒塌，倒座房的后墙也已经塌毁。

二进院落正房的结构与第一进院落的正房相同，其二层楼相互联系，但是二进院落内的正房一层北次间无檐廊，形成了一个封闭的空间。正房是一明两暗式，一层辟檐已经塌毁，由石棉瓦铺设，而且至南侧次间无辟檐。檐椽也是罗锅椽，檐下卷棚顶，外部做法与一进院落正房一层辟檐相同。二进院落倒座房面阔一间，双檐悬山顶，二层与一进院落的倒座房相通。

南北厢房并不沿院子的中轴线对称安置，而是整体向北偏离，即北厢房与正房距离较近，南厢房既是第一进院落的南厢房，也是第二进院落的北厢房，两面都开设了门，所以其作用与过厅相同（见图4-97、图4-98）。正房及倒座房的檐柱与金柱间的檐廊也是当地称为"吊厦"的形式，即金柱直接通到金檩之下，二层窗户安装在金柱缝上，或是安装在悬挑出来的柱中缝上。窗离地面有一定距离，窗下有一根梁，檐柱伸高到一层檐檩之下，与上所述的梁构成了一个披檐，然后搭上椽子，椽上再安装板瓦，板瓦相交处再扣上筒瓦。檐下的椽椀上刻有弧形造型。檐枋下有雀替，不是透雕形式而是平板状，雀替外侧有图案，内侧为平板。

图4-97　忠义巷三苏院合院北院北厢房　　图4-98　忠义巷三苏院合院北院南厢房

院内天井由长方形地砖铺设而成，砖块已经毁损，破碎不堪。现在北厢房前面安装了自来水管道，是整个院落生活用水的水源所在之处。天井中种植了花草等观赏植物。

二进院正房楼梯也位于明间之后，在一道隔板之后，通往二层的楼梯是木隔板组成的。二层的神龛也在楼梯口扶手的上方位置，目前龛檐已毁损，但龛下部的蝙蝠造型仍然保存完好，其收尾处有大象和仙桃形象，寓意吉祥。这种做法将栏板、神龛结合起来，既节省了空间，也满足了祭祀的需要。南次间一层开窗为支摘窗，其上部可开合，下部为固定窗扇，两侧为装饰板材，二层外立面有所改变。南侧山墙上半部分露出，是一般墀头做法，色彩采用传统白族装饰，黑色砖上镶有白色灰缝。二进院北厢房的南向面阔小于北向面阔，房屋平面类似梯形。

此院平面虽然是方形，但是四角不垂直相交，而是另外铺设了三角形石块，故变成了不等边的八角状平面。建筑也随之进行排布，北厢房与倒座房不是直角相交。天井内部地面杂草丛生，铺设的砖已经毁损。正房台基高于院内其他建筑，券门与正房南侧山墙接壤，是其延伸，券门南侧有披檐，隔墙上铺设有筒瓦和板瓦，墙为土坯砌筑，无粉刷。

进入三进院落，沿二进院正房的南侧有一条狭窄的小道将第三进院正房与第二进院正房分隔开。沿此小道向西走，进入了一个较为开阔的空间，为其后院，院内建筑早已倒塌，杂草丛生。第三进院由正房和南厢及正房所对的照壁组合而成。

正房面阔两间，北侧一间无檐廊，槛墙等都是由木制隔板构成，上部为花窗。南向一间有檐廊，台明铺砌方法与前相同。三进院落北厢房与正房垂直相连，仅各有一间。入口在正房方向一侧，是单扇板门。槛墙与门相连，上设窗户，窗板没有雕花，槛墙用白灰浆刷成白色。这两坊建筑也是双层檐，厢房没有檐柱。正房内部北侧有一双扇门，是通往北厢房及正房二层的楼梯，北厢房装饰较少。

正房所对的照壁墙上檐采用筒瓦与板瓦结合铺设。影壁北侧开设了双扇板门，是院子后门的位置所在，其上的墙体及檐已塌陷。此院中的天井平面为长方形，极为狭小，铺设有条砖，现在杂草丛生。正房与二进院正房不在同一条轴线上，偏于一侧，正房台基高于北厢台基。

6. 外檐装修

二进院正房明间和次间由隔板分隔开来，在隔板的东侧即位于入口一侧开设有一个门，门为板门。二进院南厢房是一座过厅建筑形式，南北两侧都有隔扇门，不同的是北侧两檐柱柱中缝上安装有一樘八扇隔扇门，位于正中的六扇上不都是镂空的梅花窗，剩下的两侧虽是以隔扇门的形制来划分比例的，但不能开关而是固定的。二层外窗形制和北厢房外窗的形制相同，檐廊下的檩、枋等装饰都比较简单，有些构件已经掉落。

7. 建筑装饰

门头木板上有凹槽，穿插枋枋头也有雕刻，但也已辨认不清。横向穿插枋上刻有回形图案，可惜的是其基本已经模糊不清。45°的枋板下连接有垂花柱，柱头上也刻有与穿插枋上同样的花纹图案，东侧的垂花柱现已缺失。在八字墙与之相交接的转角处的装饰及隐起的砖上都刻有草叶纹样。墙上的砖为青色（随着时间的推移逐渐变为黑色），用白色灰浆勾出砖缝。突出的装饰上绘有白色花纹图案。

正房明间金柱中缝上装有一樘六扇隔扇门，每扇门上的透雕部分都不相同，由南至北为：第一扇窗花已毁损，只剩下一个角上的菊花图案；第二扇上为菊花和荷花，象征"福寿延年，多子多孙"；第三扇上为鸳鸯戏水图，象征家庭和睦，婚姻美满；第四扇上为牡丹绶带图，象征富贵繁荣，寿比南山；第五扇上为荷花仙鹤图，也象征"万寿无疆，多子多孙"；第六扇上将福寿禄等主题加深，左上角有一个石榴，寓意"多子多孙"，下面是一只喜鹊，落在梅花枝头，有喜上眉梢之含义，后面是青松、竹子等，最下方为一梅花鹿，象征封官加禄，寓意吉祥。

8. 建筑构件名称

南北次间有两扇支摘窗（上部是支窗，下部为隔扇窗），窗上雕刻有几何纹，在其相交处刻有荷花等花草图案，而方形花纹中心刻有"福""寿"等字，还有团花用字转出花的纹样。现在窗的颜色重新刷为黄色，原色彩应和其他木装修色彩相同。檐柱柱础为鼓状，在鼓腹上刻有花草纹。瓦当纹样有莲花状、兽面纹、"卍"字图案。

倒座房明间后部用一板隔出一座楼梯间，通往二层，为单跑木质楼梯。二层明间有扶手栏杆，上面架设有木质神龛。其形式为屋宇式，共有三个开间，上面雕刻图案较为复杂。明间屋前檐较高，正中刻有一个"寿"字，两侧屋前檐较低。正房和倒座房的梁、柱、枋等为大木作，用材粗大，无过多装饰。正房檐下的装饰较倒座房更为复杂。檐下枋头共有三层，每层图案各不相同，刻以承托的荷花替代了传统的斗拱形象。正房檐廊的顶部做成覆斗状，而倒座房廊檐内部顶用罗锅椽构成的双檩卷棚顶，但屋檐外部仍为一般辟檐状，就是单坡檐。现在倒座房南侧的檐已经倒塌。

南北厢房建筑形制基本相同，但在一些地方仍有变化。由于用地紧张，北厢房靠近正房的一侧有一扇板门，是通往二层楼梯间的通道入口，但是现在形制有所改变，其西侧已另设有楼梯，西侧的山墙早已倒塌。其东侧是一双扇开启的隔扇窗，窗扇中部镂空，是梅花窗的一种形式。紧挨着的是双扇板门，最后是一扇花窗，花窗的棂条组合为"寿"字，棂条中间镶有梅花装饰，雕刻精美。窗两侧有封闭木板，板上刻出三段式的几何纹样。（见图4-99）

图4-99　忠义巷三苏院合院花窗

北厢房面阔较小，仅有一开间，从一层看也没有明显的开间划分，但二层面阔上有三扇花窗，中间的花窗尺度较大，东西两侧窗的尺度较小。其内部仍是一开间的尺度（平面上共有四根柱子），现在作为厨房使用。但是檐下的装饰有区别，梁头、穿插枋头等共为三层，伸出于檐柱一侧，上面刻有兽头等纹样。檐廊内部的穿插枋上也雕刻了花纹，在垫枋下有一段空隙，位于中线部位装饰了一朵梅花。

二进院落的倒座房的木装修与外装饰是整个忠义巷三苏院合院最为华丽处。其转角窗、隔扇门、梁枋、垫枋等都雕刻精美。过厅南面的隔扇门为板门，梁头、檐枋等也做了精细雕刻。（见图 4-100、图 4-101）

图 4-100　忠义巷三苏院二进院落倒座房的门窗图案（1）

图 4-101　忠义巷三苏院二进院落倒座房的门窗图案（2）

三进院落的正房檐柱柱础与一进院内正房的外檐柱柱础形制相同。檐檩下的檐枋、垫枋、雀替等都雕刻有复杂的花纹图案。

正房所对的照壁，平面形状为"一字形"，其下碱的石刻是第三进院落的经典之作。首先，下碱采用长方形石基，故没有复杂的线脚。其次，其横向分割为几个部分，在其交接处用三段竹节装饰作为分隔的界定。再次，每块分隔出来的石板上刻有不同主题图案，由南向北分别为：鹿含仙草、牡丹凤凰、麒麟、莲花共五福吉瑞图样，形象活泼，惟妙惟肖。位于中间的麒麟运用了圆雕手法突出于墙面，其背景没有装饰，为原石质材料，两侧莲花与凤凰牡丹运用了平雕手法，背景有线角，是海棠纹样，然后做出斧凿的处理，衬托出花纹的细致与精美，最边上的雕刻与上相同，只是图面比例较小一些。墙身部分的影壁心为软心做法，在壁心内砌筑砖墙，然后在其表面抹白灰，这种做法多用于古代小型住宅。（见图 4-102~图 4-107）

图 4-102　忠义巷三苏院三进院落的"一"字形照壁立面

4-103　忠义巷三苏院照壁台基上的砖雕（鹿含仙草）

图 4-104　忠义巷三苏院照壁台基上的砖雕（牡丹）

图 4-105　忠义巷三苏院照壁台基上的砖雕（麒麟）

4-106　忠义巷三苏院照壁台基上的砖雕

图 4-107　忠义巷三苏院照壁台基
上的砖雕

　　整座院落内的建筑由于用地局限，形成了现有的建筑格局。同时结合地形进行合院的布局，不像传统"一坊"必须是三开间，而是根据用地需要，仅从木装修上入手，做出三开间形式，一进与二进院落的正房、厢房、过厅的二层都是互相连通的，这是一种利用上层空间的做法。木雕与石雕使这个小型三进院落显得精美华丽、独具匠心。

4.4　本章小结

4.4.1　剑川古城格局解析

　　古城形制不是一开始就形成的，而是经过历史变迁和几代人的不懈努力建造而成的。明弘治十四年（1501）因地震，古城塔倒塌损坏。明嘉靖二十二年（1543），鹤庆知府周集按照明代中原地区封建城市发展的街巷闾里格局，从剑川地处滇藏古道重要路口的特殊地位考虑，对古城进行了严格的规划。此后，剑川古城前后经历了百余年，直至明崇祯十六年

（1643）整座城池才圆满竣工。城池修筑坚固，地势十分险要，为当时迤西地区易守难攻的军事重镇之一，同时也是政治之镇、商贸集镇，其布局比较多样且复杂。

古城布局特点：

首先，为保证城池的坚固，城墙全部用城砖包砌，同时城墙上设有防御的箭楼，东西南北四个方向上的门都有谯楼，作为报警瞭望之用。

其次，据猜测，明代城墙外设有城壕，主要根据现在的东门外桥、南门外桥、西门外桥、北门外桥四座桥名推测为当时护城壕上的桥梁，要想进入古城中必须通过这四座桥，且在这四座桥上设有严密的监察人员，保证整个城池的安全。城内各条巷道的曲折构造，具有便于防守和不易攻破的防御理念。

再次，为保持城内"风水"密不漏泄，东南、西北城门的设置都有意相错开，四门正街的交接都采取"丁字形衔接，而不用十字形"的布局。各条巷道，如旧寨巷、七曲巷、仁里巷、段家巷、张家冲、陈家冲，曲曲弯弯，充分显示出古城居住建筑布局的讲究。在丁字路口转角处设置有大块石头，是为"避煞"和"镇石"之用，这是受传统文化观念影响所致。

最后，古城中的水火巷道布局科学合理，曾经受到严密保护。巷道中的流水日夜不绝，为古城防火减灾发挥了重大作用。

剑川古城要素包括建筑、自然、人口、植物。在此基础上对古城格局进行解析，明确选址特征、分布格局以及时代的迁移，最后阐明现在的古城格局特征并归纳出以下结论：现在，虽然古城原格局已改变，原城市功能也已经消失，但从历史遗留下来的建筑可以判断剑川古城严谨的规划，有完整的城防区域（城墙及城墙上的设施）、行政区域（衙署）、军队驻扎区域、居住区域、集市区域、教育区域、宗教区域与市政设施等，在古代俨然是一座先进而完善的小型城池。反之，城内居住建筑的分布也影响了

城池格局，城镇格局对居住建筑的影响较大，它们之间是相互作用、相互融合的。（见图 4-108~ 图 4-110 ）

图 4-108　民国后期剑川古城格局

图 4-109　20 世纪 80 年代现代建筑对古城的侵蚀

图 4-110　2005 年剑川县城面貌

目前，虽然主要街道形制基本改变，但和西门街相连接的张家冲巷、五马巷、七曲巷、桥米巷等巷道格局仍很完整，且街巷道两侧的建筑物保存较好。例如，桥头街至西门街段，学门口至南门街段，南门街垂直相连的忠义巷和段家巷段，以及上营盘街、中营盘街、下营盘街等以上街道两侧的建筑物原貌改变较少，其中不乏留存下来的一些珍贵的民居院落。

4.4.2　明清典型民居案例解析

何氏家族、赵将军府邸和三苏院三家民居院落属于不同时期、不同性质的民居建筑，各有其自身特点，现总结如下：

何氏家族的院落包括西门街 59 号、60 号和七曲巷 6 号三座院落。西门街 60 号院建筑格局为四合院，整体建筑装修较为简单，大量使用木雕，特别是宅门的斗拱极为复杂，且有创新与变化，是金华镇中的孤例。七曲巷 6 号院建筑格局完整，保存完好，是四合五天井的典型代表，且具有白族建筑装饰特点。西门街 59 号院为三合院与三坊一照壁组合的典范，因古代书院在此落户，故其装饰也较为简单，但石刻精美。

何氏家族三座院落的共同特点：①合院建造时代较为接近，又是同一宗族的分院落，反映了文人居住文化的特点与尊儒的文化特征；②三座院落都是大型合院，建筑格局比较完整；③从建筑外部上看不到繁杂的装饰，何氏家族的一些建筑细部反映出建筑装饰的匠心构思；④建筑结构属于抬梁结合穿斗式的混合做法，而厢房结构形式较为简单，无檐廊。

赵将军府邸始建于明洪武三十年（1397）左右。赵将军府邸是明代金华镇中武将家族的居住建筑代表之一，具有防御型建筑特征，形成特有的"闷楼"建筑形式，装修极为简单，其中木雕与石刻做法简单，合院格局为四合五天井式。

忠义巷三苏院曾是美术评论家苏民生、体育教育家苏竞存、核物理学家苏峙鑫的故居，始建于清同治十三年（1874）。此院落的建筑装饰堪称华丽典范，合院中的居住建筑格局形式自由，地形的局限导致了整体建筑面积紧缩。正由于此，更凸显了建筑装饰复杂与精美。

以上三家典型院落，从合院布局、院落空间、建筑结构、建筑装饰等方面都显示出剑川古城明清时期的民居特征：明代院落尺度相对较大，但不注重建筑装饰；清代反之，用地狭窄尺度狭小，但院落层次丰富，院落内部的每座建筑都以装饰精美的建筑而显出其方位与特征，木石雕刻细致入微；文人居住建筑喜欢曲径通幽，武将居住建筑不注重细节，略显粗犷。此外，该地区明清古民居建筑都很注重建筑的实用性、私密性、装饰性，多以木雕为主，砖雕、石雕为辅，体现出细腻的居住审美情趣。

第5章 金华镇民居特征

5.1 金华镇民居影响因素

影响金华镇民居建筑性质形成的因素到底有哪些呢？一是自然气候因素。它是影响建筑的选址、类型、结构、式样等的主要因素，要想认识本地区的建筑特点，必须先搞清楚这些因素。二是历史因素。历史涵盖面比较广泛，本地区的历史沿革、历史渊源、历史变迁及民族背景等都影响着其建筑特征变化。三是宗教文化因素。由于本地区的民族复杂性，衍生出了与之相关的民族宗教信仰，形成了特殊的宗教习俗和宗教文化。不同民族的人们习俗也各不相同，而这些特点或多或少地会体现在建筑中，呈现出本地区的建筑特征。四是人口因素的作用。民居建筑是为人服务的建筑，它建造的目的是人的自身的需要，人口数量、人口迁移、人口构成对民居建筑的影响都不可忽略。五是社会因素。在复杂的人类聚居状态下，社会因素是影响民居建筑的另一个因素。

白族民居建筑之所以形成这样的特点，究其原因可分为以下四点：首先，白族历史悠久，文化较发达，与内地交往密切，所以汉族的建筑技术对其产生了影响；其次，白族的建筑技术好、有较高的欣赏力，使得剑川工匠建造水平极高，剑川木雕历史悠久且享誉全省；再次，地区经济发达，有雄厚经济基础的官宦之家，在此修建了一批大型精美的民居；最后，该地区历来自然灾害频繁，如地震较多，人们为了防风防震逐步改造居住建筑的结构性能。

5.1.1　自然因素

自然因素的影响包括地形、地貌、水系、气候、地方取材等。

首先，地形是对民居影响最大的因素。金华镇位于平川内部（坝子上），属于平原地区，地形平坦，对民居空间制约较小，布局及楼层安排随意，且可建设大型宅院，也可按照宅主家族的生活需要和生活习惯安排。但由于本地区的土地较为丰饶，加之又是明清军事重镇，所以古镇内居住人口密度较大，也就形成了用地紧张的状况，镇上各家的用地因此受到了限制，所以形成了整体地区的小型合院建筑形制。

其次，水系对民居也有一定影响。其周围环以山脉，山上常年积雪，加上坝前大面积湖水，整个剑川地区，特别是坝子上的聚居村镇街道中都有自然流动的地下水，并形成了家家户户门前有流水的格局。人们的生活用水都围绕着自然水系，呈现出一种独特的建筑与自然山水景观。地下水位的提高，便于建筑房屋时用水的方便和居住者生活用水的便利。水系的发达对农业灌溉的影响也颇大，水系是金华镇民居周边农业的水源，也是镇上居民的生活水源。此外，水源还是镇上的植物等存活的根本条件。然而，由于现代化人为的破坏，街巷尺度逐步改变，街道中铺设的石板和卵石也已被抛弃，变为水泥铺设的地面，这也使得街道一侧的水道被填埋。虽然如今家家户户都通上了自来水，但街道的自然水道和景观都不复存在了。

再次，气候也是一个影响颇大的因素。在与自然做斗争中，白族劳动人民积累了丰富的经验。首先对自然气候中风向问题的解决办法如下：该地区因常年多是偏西风向，他们就将主房布局为坐西向东，门窗都开在其东面的方向上，劲风从屋后吹来，自然不能轻易地直接进入室内。对于从其他方向吹来的风，他们就用四合院或"三坊一照壁"的平面组合形式来解决。一方面，他们将主房的台基提高一些，以突出主房在合院中的地位；另一方面，主房、厢房和厅房一般是层高均等，充分起到互为屏障的作用。合院的天井尺度很小，建筑空间不大，建筑层高较低，所以整个内聚的小型院落防风性能较好。屋顶为悬山顶设计，这也是为防风而建造的。山墙上穿斗结构整体性能较好，也具有防风功能。由于从房屋坐向、平面组合，再到立面处理，都为避风步步筑防，所以人们并不为地区的劲风所烦扰。不仅如此，许多建筑材料的选择、构造做法的安排与技术手段的应用，甚至平面及空间布局都是由气候条件所决定取舍的。

剑川地区气候湿润，使得金华林区树木茂盛，就地取材方便，易于搬运。该地区土质是红色黏性土，容易夯筑结实，所以土木材料促成了剑川地区房屋的建筑结构是土木结构，将木构梁架和由黏土夯制的土坯砌筑墙体结合形成。建筑瓦屋面的铺设是专门为了整个建筑空间的透气和隔热所提供的。建筑二层空间作为储藏空间也是因为当地气候湿润，人们为了持久保存食物，故构筑了这一建筑形式。他们还将瓦片悬挂于山墙之外，护住伸出于墙的椽头，其目的是避免木椽头淋雨腐烂，在山墙上涂抹粉灰的目的也是防雨。

最后，该地区为地震多发区。按照现代建筑抗震理论，建筑物要重量轻、重心低，以减小振幅。因此，建筑的内部檐廊宽大，出檐深远，采用悬山山墙，墙顶、檐头、博风板等作封护檐。建筑内部有构造精良的木构架，形式要简单，最好是中心对称式，刚度要均匀，足以抵抗震灾，为避免建筑轮廓及体积方面的不规则变化，故此地区的建筑梁架结构为抬梁与穿斗结合式结构。建筑明间两侧为抬梁木结构，山墙上木构架采用穿斗结构，所以在地震时墙壁倒塌之后，整个建筑的基本构架还存在，有"墙倒屋不塌之说"。抬梁木结构的连接在地震时是最好的抗震结构，由于榫卯咬合，所以地震时建筑整体变形较小，且不易坍塌，安全性能较好。在两坊交角处合用一柱，所有的柱子都直接落于地面，这些都是为了加强房屋的连接结构。

5.1.2 历史因素

1. 历史上金华镇的军事地位

历史上金华镇一直处于南诏、大理国与吐蕃（今西藏）之间这一藏汉文化的交汇口，曾经是中原—南诏—吐蕃频繁征战的战略要地。金华镇坐落于"三江并流"的世界自然遗产老君山片区之间，既是南诏、大理国的北方门户，又是"三江并流"民族地区的南方大门，为滇西北的交通要道。因此，历史上金华镇成为军事重地，一直有重兵驻守。

金华镇古民居是以军事目的而建造的民居点，其形制独具特色。根据现在所存的街巷名称可辨认出当时驻扎在此地的军营位置，如上营盘、中营盘、下营盘等古代街巷，著名的赵将军府也在此区域中，这些都侧面证实了金华镇作为军事重镇的历史存在。

2. 历史上金华镇的地理位置

首先，元代以前，剑川东南部洱海地区水域广袤，今天的风仪门直至牛街均处在泽国之中。当时，洱海水域西界山脉的平均海拔高达2160米，不利于马帮与大部队通行。由于剑川西部澜沧江、怒江的阻隔，高山峡谷、莽莽原始森林及岚风瘴气的困阻，因此北汉场经剑川直至漾濞的这条河谷通道即成为滇西北各民族南与中原、南诏、大理以及东南亚、南亚，西与吐蕃、西亚进行经济、文化、政治各方面交流的通道。

其次，当时的政权曾于此设置州治，是政治因素形成的居民点。从明代至民国，城内都建有州衙署（1913 年后改为县衙）。[①]

再次，金华镇是当时川滇藏三地茶马古道的贸易传送集镇。从水寨村经南门直至北门外的地方，由于处于滇藏茶马古道的重要驿站路口，沿街民居均前设铺台，后置庭院，但任何经商人户的建筑物都不得侵占青石板路口路面。

最后，金华镇也是由有血缘关系的大型宗族聚居在一起形成的。元至正末年（约 1341—1370），金华镇尚无完整的城池街巷，当时的柳龙冲大约分三个居民片区：柳龙冲，其位置大致为沿永丰河以南而下的西门街北部至文照街一带，以段姓、赵姓、王姓为主；三家巷，即西门七曲巷以西的何姓、萧姓、张姓；旧寨，主要是张姓、杨姓。[②]这个时期反映了当时以家族形式聚居而成的大片民居，也表明了早期古城并未经过详细规划而是自发形成的，同时证明了整个早期金华镇的形成是以宗族聚居地为原始基础发展而来的。

3. 等级制度对民居建筑的影响

在以儒家的礼制思想为社会主导思想的封建社会中，一切社会活动以及相关的用具，都是按照人们的社会地位安排出一定的等级差别，并形成制度，相约遵守的，即孔子说的"安上治民，莫善于礼"。后汉时期，为规范不同地位人群的用具，故又有舆服方面的规定，包括车辂、冠帻、佩玉、印绶、刀剑、车行、服饰等方面的等级限制，以后还包括衣服形制与

---

① 云南省剑川县志编纂委员会. 剑川县志［M］. 昆明：云南民族出版社，1999：643-646.

② 张笑. 云南省历史文化名城剑川古建精粹［M］. 昆明：云南民族出版社，2004：7-8.

颜色的规定，但尚未涉及居住房屋的规定。晋代舆服规定中增加对仪仗的形式及数量的规定。南北朝时期已经出现了有关居住建筑方面的零星规定，而真正对士庶房屋做出具体等级规定的时间是在唐朝时期，到了明清时期虽然一直沿用，但在偏远的地区反映不是很明显。①

"门"和"堂"的分立是中国建筑很主要的特色，历来所有的建筑平面布局方式都是随着这条基本原则而展开的。最早的时候，建筑形制只是一些针对宫廷建筑的内容和布局而规定的，它们同时被看作是一种"国家"基本制度而确定下来。②当宫廷建筑已经成为一种标准的建筑模式之后，建筑形制就同时制定出有关诸侯、大夫、士人等房屋的制式，成为所谓的"门堂之制"。同时，门堂制度也影响了各地民居建设。除亲王府制以外，官员及庶民被分为公侯、一品二品、三品至五品、六品至九品官员和庶民五个等级，居住建筑依次按规建造。所谓"贵风格及构造手法"在清末也传入中国，这是另一种移民活动带来的影响。"贱各有等第，上可以兼下，下不可以僭上。"③这些封建等第制度实际上限制了传统民居的创造与发展。建筑形制不仅在院落的大小、布局、建筑的结构上进行了规定，而且在建筑色彩与装修上，甚至小到装修图案等都有严格的规定。

宅门是住宅出入口，是宅院的门面。中国人历来重视宅门的作用。历代统治者都认为门堂制度是封建等级制度的重要内容，并对各种门堂的建制做出具体而严格的规定，使宅门从建筑规模、形式、装修色彩、建筑材料的使用等各个方面都划分出森严的等级，从而使宅门成了住宅主人社会地位和经济地位的重要标志。这种观念渗透到社会生活领域，又派生出"门第"等各种复杂的等级观念，深刻地影响着古代人们的生活。

---

① 参见《明史》四库全书影印本（陕西省图书馆馆藏）.

② 李允鉌. 华夏意匠［M］. 香港：广角镜出版社，1982：142-145.

③ 同①。

5.1.3　人口因素

1. 历代人口增长与耕田的矛盾

古代中国境内人口的增长，概括地讲，可以分为四个高峰时期。秦以前的资料不完整，估计到秦始皇统一中国时，人口数量较少。到了西汉末年，人口数量为第一高峰期。东汉人口增加不多。三国、两晋、南北朝战乱频繁，人口锐减。又经隋、唐、五代、北宋，至南宋庆元元年（1195），人口数量为第二高峰期。元、明及清初人口波动不大，反而减少。但是到了清乾隆六年（1741）人口数量为第三高峰期。以后的人口只增不减，清乾隆末年达到 3 亿，清嘉庆末年达到 3.5 亿，一直到清道光三十年（1850）人口突破 4 亿大关，为第四高峰期。人口锐减是由于天灾和战祸，与之相反，人口的增殖是由于政治稳定、经济发展，同时少数民族的内迁及合并对其也有影响，还有人口的消长也与国家版图的盈缩有关。总之，人口猛涨的趋势在封建社会后期加速是历史事实。[①]

人口的增加导致了人均耕田数量的减少，越到封建社会晚期越严重。众所周知，人民的生活水平在一定的生产力条件下，与人口和土地的比例直接相关。农耕方式是中国封建社会一直延续的生活方式。剑川地区是中国三大文化板块延伸、接触、碰撞交融的地区，金华镇地区也是这个文化圈中的一员，其所在地区金华坝区是一片平整沃野之地，加上水利设施的灌溉，此地区一直是以耕种为主的，它具有农耕社会的特点。迄今为止，镇上仍保持这一生产生活方式，也形成了特有的水田稻作农耕文化。

---

① 梁方仲.中国历代户口、田地、田赋统计［M］.上海：上海人民出版社，1980：518–519.

既然人口与土地的矛盾如此尖锐，故民居建设用地必须少占或不占耕地，因此在清代中期以后，全国民居的形制有了极大的变化，这也是由客观现实造成的。

2．节约居住用地是清代民居的重要特色

据《明史·地理志》①及《清史稿·地理志》②所记录的各直、省的人口增长情况来看，南方大大超过北方，原因是明末战乱北方人口损耗太大。而云南少数民族众多，这也导致了后来人口的上升。民居节约用地的表现更为具体，如金华镇民居建筑的特点可概括为以下几个方面：提高密度、加高层数、加长进深、拼联建造、出挑悬吊。这一系列的措施都表明了清代居住用地的紧张，以及为了适应更多人的居住，清政府不得不采取紧凑建筑的手段。

3．移居促进了各地民居形制的交流

中华民族的形成是个民族不断流动、不断融合的过程，纯粹的本地民居是很少见的。历史上的战乱及政治因素是民族迁移的主要原因。明初屯田云南，移民人数较多。但因建筑史料缺乏，我们无法确知这些移民活动对建筑形制交流产生了何种影响。随着清代国土版图的扩大，移民活动更为广泛。金华镇的民族融合导致了居住建筑方面的多种融合。随着居住地的变化，民族的居住形式也在不断改进变化。

5.1.4　文化与观念因素

影响金华镇居民的思想观念是多方面的，有时候十几种观念相互作用、相互混杂在一起，这些观念使得当地居民在建造自己的居住建筑时受

---

① （清）张廷玉.明史·地理志［M］.中华书局，1974：274.
② 赵尔巽.清史稿：第1册［M］.北京：中华书局，1977：2325–2327.

到或多或少的影响。

1．宗教文化

金华镇白族仍保留大量原始社会的泛自然崇拜活动。为适应这些大型祭祀活动，他们建设了大量公共建筑，形成了独特的城镇面貌与公共建筑形象。

白族的泛自然崇拜活动是从地祭衍生出来的山川崇拜，最后演变为"本主崇拜"。这些本主是金华镇的保护神，平日供奉在本主庙正中，为此庙的主神。当地白族人祭祀时间较为频繁，不仅在每年四时八节来祭祀，而且士子赶考、土石匠出外谋生、为官者衣锦还乡、经商者发财归来都要到本主庙祭祀，且人们对本主的尊敬使得大型本主场所花木繁茂、匾联耀然，如金华镇中的晕君庙、太岁庙、古城隍庙、阿黎帝母庙（现在这些建筑都已被拆毁）等都是本主崇拜与祭拜场所的例证。随着公共建筑的废弃，很多家庭将这些祭祀空间转移到自己的居住空间内，形成了居住建筑中特有的祭祀空间场所。

金华镇中一些白族家庭把自己的祖先当作自己的本主崇拜。他们根据祖上遗训将家族祖先的成功当作家族荣耀保留下来（有的祖上曾做过当地土官，有的祖上曾是镇守剑川古城的将军，还有的祖上是科举中的举人或贡生等）。因为先辈的杰出才能，所以为了激励后世子孙，同时也作为光宗耀祖的事情，故供奉自己的祖先为自己家族的本主。

佛教于元代后逐步传入，至清代中期曾兴盛一时，以后逐渐衰落。大部分寺庙中经常是供奉多神，这是由以上宗教文化所造成的。在所调查的几家民居中，他们虽然是不同时代的家庭，而且每个家族的历史背景都有所不同，但几乎每家都在居住建筑中设有神龛，其正中供奉天地，两侧各供奉家族祖先与佛像。

不同民族会产生不同的宗教文化，也就会产生不同的生活习惯，随之会引起建筑、居住等与之相关文化的变革。但民族融合也带来了文化融合，金华镇的民族历史变迁也给整个金华镇的建设与建筑群都带来了特殊的影响，形成了我们今天所见到的金华镇。

2．儒家观念

儒家思想是汉族传统文化构成的核心体系，它的影响力不仅盛行于汉族中，而且伴随着汉族的融入，儒家思想观念也渗透到了其他当地少数民族的思想之中。白族的最大特征表现为"尊儒""敬孔"，一些金华镇的官员或读书人都将孔子的塑像或画像供奉于室内。同时，根据儒学传统的"三纲""五常"思想和出于对祖先的崇敬，在镇中建有大型的文庙、明伦堂、祠堂等，有了固定的场所当然也就出现了固定日期的祭祀。

古镇布局中的礼制文化：传统的封建思想和儒家思想也渗透到街道的铺设中。例如，由文照街经西门直上西门外的文庙，街道笔直规整，路面由两条青石板分左、中、右连成主线，其间卵石镶嵌。按照士大夫等级观念的规定，自古镇建造数百年来，此路面只准老年人、达官显贵之人、读书人行走，其他人员只能靠两侧行走。

儒学思想在社会上重新占据统治地位，纲常伦理思想则在民居中得到了充分的发挥，尊卑、长幼、男女、主仆的活动空间在住宅内部明确划分，前堂后寝之制更为突出，以中轴线式的厅堂为主线，四周辅助建筑拱围的组合方式被普遍采用，出现了标准化和程式化的总平面设计。

3．生活观念

在封建家族中，家庭成员的生活理想化场景是一种根深蒂固的吉祥观念，可概括为福、禄、寿三种观念，即多子多孙、大富大贵、福寿安康等，甚至有的家族希望自己的后代能够封得一官半职，以光宗耀祖。所以人们为了表达美好心愿，将此观念渗透于自己的居住建筑当中，特别是在建筑装饰上无不反映了这些观念，同时正因为这些观念的强化，改变了金华镇居住建筑的装饰题材。在所调查的居住建筑中，几乎每家木隔扇门上都刻有蝙蝠（富）、祥兽、牡丹等动植物花纹图案，祭祀神龛上也刻有"福"等吉祥文字符号，以及瓦件上雕刻的瑞兽图案等，这些都反映了生活观念对建筑的影响。（见图 5-1~ 图 5-4）

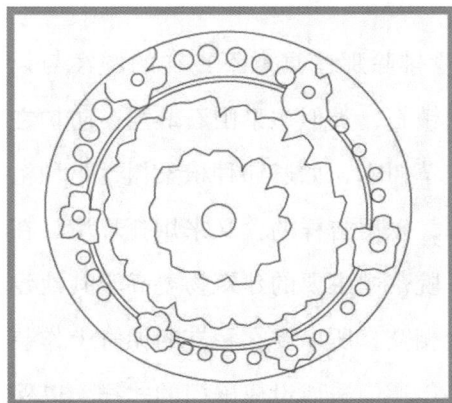

图 5-1　瓦当大样图

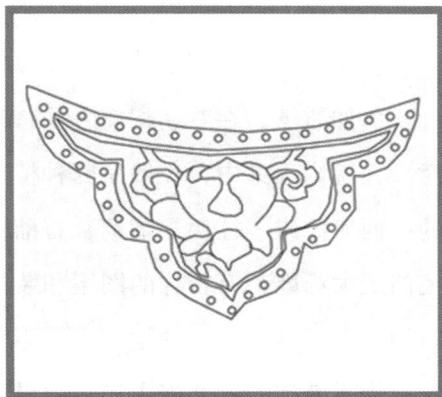

图 5-2-a　滴水大样图

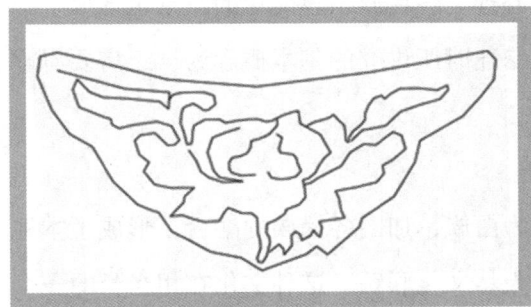

图 5-2-b　滴水大样图

图 5-3　窗户纹样

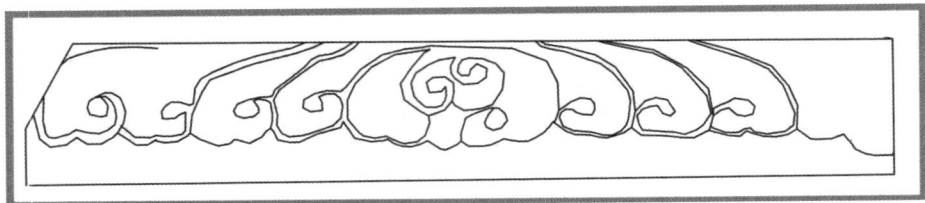

图 5-4　屋檐上的砖雕

有求吉祥之意就会有禁忌，如尽量排除那些寓意不吉祥的图案与设计。例如避煞，在巷巷相交之处，设立镇石，类似"泰山石敢当"防护之意。在院内天井中，一般家庭种植有花草树木，如避讳种植桑树，常种植的有西府海棠、桂树、葡萄、石榴树等，以用吉祥的含义来烘托环境。在宅门上大都雕刻有吉祥的图案和装饰。院落中主要的建筑物要高于其他建筑物，在屋顶相交角的地方，为不直接相交，所以要在相交的屋脊上作装饰。为不使宅门直冲着主房，故设立了二道门，或设成屏门的式样，以保护院中的吉祥之气。以上这些都反映了居住建筑中的禁忌与避讳思考。

住宅室内各种器具陈设布置所反映的种种崇拜、禁忌，都体现了各民族进行一系列宗教活动时的行为心理。各民族宗教文化的差别也形成了独特的建筑文化。白族民居建筑在修建时所讲究的基本概念为"正房要有靠山，才能坐得起人家"。①

4.地域观念

在金华镇居住的民族大部分为白族，加之各民族的融合，形成了本地区特有的语言区域，具有相当的天然文化联系。这种文化在相当长的一个时期内具有排他性，力图创建不同于其他地域的物质文化和精神文化，这

---

① 剑川县民族宗教事务局.剑川县民族宗教志［M］.昆明：云南民族出版社，2002：168.

些都影响了本地的建筑文化。镇上的居住建筑大部分都为小型合院，由于历史变迁的原因使得一些建筑格局被破坏。有些大型家族聚居区中的建筑群已失去了原貌，但一般都为一座合院，或几座合院组合而成。每座合院的宅门做法都比较讲究，且宅门多为板门，没有过多的装饰，但门头都有各自的特点。合院尺度较小，建筑尺度也较低，屋面瓦件的铺设材料与方法都比较统一，门窗上的雕刻花纹也基本一致等。这些迹象都反映了地域认同感。

5. 风俗习惯延续

一种民居建筑形式往往在沿用多年之后，虽然客观环境及技术材料都已经变化，但是旧的形式仍然延续，这种现象在美学心理上可称为"视觉的暂留"现象。越是生产力较低的社会、发展越缓慢的社会，这种现象就会越持久。例如，他们会将祠堂设立在建筑正房明间二层空间中或是正房明间之内。当地采用的穿斗与抬梁混合式结构亘古不变，原因之一是地方传统所致，如受地理气候影响、历史经验的积累以及风俗习惯的延续等。如果说剑川的地理气候、社会发展、民族文化交流是复杂而多元的，那么其境内的宗教也是复杂而多元的。了解了剑川宗教的特点及宗教的精神作用，就能正确看待剑川各民族在建寨建屋中存在的宗教习俗行为。特定的民族习惯也会影响到建筑建造习惯，如从选择地所举行的祭祀仪式，到聚落与住屋的规模格局、方位取向、住屋形式与空间划分的处理以及伴随着整个建构过程而形成的各种活动习惯等。

6. 传统建筑布局朝向

在所调查的金华镇合院建筑布局和朝向（见图 5-5、图 5-6）上反映了一定民间趋吉避凶的观念。在中国传统住宅文化中，布局文化格外重视宅门的作用，它在确定建筑的吉凶时，首先将宅门定在坐宫卦位，使之处于吉祥方位。根据四个方向，如左青龙、右白虎、南朱雀、北玄武的建筑布局，将正房布置在吉位之上。建筑与建筑的交角处不是直接抵触，而是避开出现的冲煞之气。

图5-5　两道门格局

图5-6　宅门上方镇方位的牌位

　　宅门正向开设时，为了不直接面对正房，所以设立二道门，作为屏障将不吉挡于门外。溪水不可正对房子，称为"溪煞"，所以宅门也要转个角度，避开溪水直流的方向。白族民居坐向不讲究正东、正西、正南、正北，而讲究背山面，称为"靠山"，在坝区则靠山面坝，在河谷地区则靠山面水。[①]

---

　　① 王其亨.风水理论研究［M］.天津：天津大学出版社，1992：214.

5.1.5　社会与经济因素

剑川水利和林业资源丰富，农业和畜牧业也比较发达。随着云南经济发展逐步东移，剑川工业日益滞后，形成工业底子薄弱、工业基础条件差的状况。剑川木雕手工业历史悠久，木工艺术久负盛名，民间有"丽江粑粑鹤庆酒，剑川木匠到处有"的谚语。

1990 年年末，金华镇常住人口 8.5 万，其中农业人口 3.9 万，占 45.9%，为省内典型的农业城镇。金华镇仍是以农耕产业作为经济支柱的，几乎见不到工业产业的迹象（这里曾经开设过盐矿和其他矿藏，但是由于对整个自然环境破坏严重，现已停止采矿，实行封山造林），故长期处于一种较为原生态的生产状况。在聚居的建筑群居中，其周边是用于耕种的田地，这里仍是以传统耕种为主的聚居状态。

一些手工业，如剑川木雕手工业，一直延续至今。几乎整个大理自治州的建筑上都有剑川木雕工艺，这说明剑川手工艺者技艺精湛，故而木雕业也成为金华镇的一项支柱产业。

随着社会经济的发展，年轻一代出外求学，或外出寻找就业机会，镇上仅剩下老人、妇女、小孩，经济处于停滞状态。随着周边城镇建设日益发展与扩大，金华镇农业人口比例逐渐下降，尤其是 1982 年以后，全面推行家庭经营为主的联产承包责任制，克服"公社化"时期分配上的平均主义，发展专业户、重点户及各种联合经营体，免除贫困地区农业税，经济才得到了进一步发展。

由于产业结构形成了以农、林种植与手工业为主的产业形态，所以一般当地人的收入较低，一年收入为几千元左右，仅有部分家庭因为手工木雕的需求量增大，年平均收入较高。人口的增加导致耕地面积锐减，人口外流也导致了大面积耕地荒废，这也是造成现在大量居住建筑无人居住和年久失修的主要原因。

5.2 金华镇民居建筑特征

5.2.1 选址构思

白族人把居住建筑的建造看成是人生大事，是为了子孙造福立下的万代根基。所以白族人建房时，对宅基地的选择比较认真。宅基地要选择在光线充足、靠山面水的地方。当宅基地选好后，未破土动工之前，要带一条狗和一只公鸡在基地上棚居3天。在这3天中，如公鸡不打鸣而狗却狂吠则称为"哑地"或"阴地"，不利人居；如公鸡按时打鸣，狗正常叫吠，则称为"吉地"或"阳地"，有"居之则人财两旺"的说法。

白族人在建造时，还要进行一系列祭祀活动：破土动工要祭太岁和土神；进山伐木要祭山神；开始动木工时称为"圆木架马"，要祭木神。竖柱上梁这天，要以丰盛的"八大碗"来宴请宾客，招待工匠和帮忙竖柱上梁的亲友，至亲者则以猪头、鲜鱼、馒头、饵块、红米、白面和对联等礼品相贺，同时，由掌墨师傅主持祭梁、祭柱、祭风水、上梁破五六等仪程。每个仪程，主持者或执行者都要大声叫四言八句的吉利话，俗称"赏吉利"；搬进新居，还要祭灶、祭祖、祭家坛，宴请亲友一次。①

---

① 剑川县民族宗教事务局.剑川县民族宗教志［M］.昆明：云南民族出版社，2002：211.

5.2.2　居住方式

与游牧民族不同，白族自古以来从事以水稻为主的农业生产，定居是农耕民族最主要的特征。因此，注重居住条件就成了白族最传统的生活方式。在客籍和本地人杂居的地方，过去曾有这样的俗语流行：说白族人是"大瓦房，空腔腔"，客籍人则是"茅草房，油香香"，意思是白族人节衣缩食并倾其所有也要建造起结实舒适的住宅。在古代，建成一座像样的住宅往往成为白族人花费毕生精力做的大事。他们追求住宅的宽敞舒适，住宅以家庭为单位自成院落，且具有住宿、煮饭、祭祀祖先、接待客人、储备粮食、饲养牲畜等功能。

实际上，这些都反映了白族人的一种汉化表现，类似于内地汉族地区的人们经常将建造房屋列为人生的重要大事，同时在建造时很重视建筑的规模、尺度、装饰、文化、艺术等。或许房主人经济条件有限，但即便如此，他们在建造时也丝毫不马虎。

5.2.3　建筑布局

建筑布局是组织建筑群中各单体建筑物的位置和空间组合关系。本地区民居建筑组合一般以四合院等为庭院中心的内向型家庭组合布局。（见图 5-7~ 图 5-10）

金华镇民居布局格式有一正一厢、三坊一照壁、四合五天井、一进几院、多进多院的合院布局形式。"坊"，即三开间两层房屋的建筑，以一栋三开间两层房为"一坊"。

一正一厢，即盖有一坊正房，正房两山建有"漏阁"，一侧建有一坊厢房，其他两面或盖圈房或打成围墙，一般人家以这种格式布局居多。

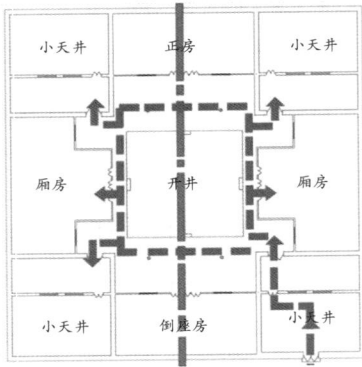

图 5-7 "四合五天井"平面格局

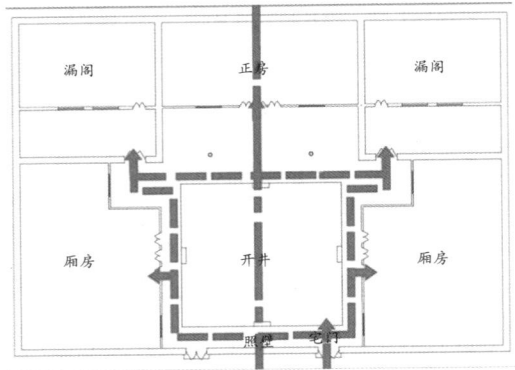

图 5-8 "三坊一照壁"平面格局

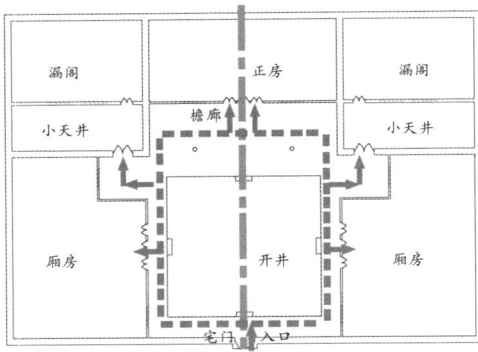

图 5-9 "四合院"平面格局

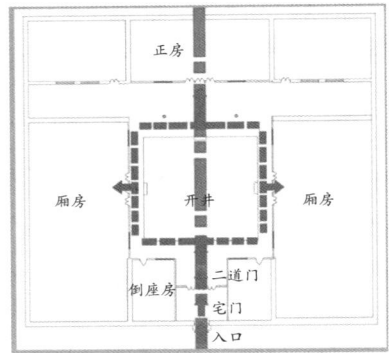

图 5-10 "三合院"平面格局

"三坊一照壁",即正房两山都有"漏阁",两侧都建有两坊厢房,在正房对面建有具有民族特色的、别具一格的一高两低的照壁,这样就围合成了一座合院。这种合院多为中等人家建造。还有一种由"坊"围成的一正两厢式的三合院,并在面对正房的院墙上建一垛照壁的住宅格局亦称"三坊一照壁"。(见图 5-8)

由四个"坊"围成四合院,并因之形成中央的天井及四角天井的住宅格局称为"四合五天井"。四角天井中建有四间"漏阁"，每间"漏阁"都有小型天井，与处于四坊中间的大型天井合称为"五天井"。（见图5-7）

一进几院的合院形式是由家族人数的数量或其家庭的经济实力决定的，即采用什么合院形式，由房主人的经济条件、家族规模、人口多寡所决定。它的形式就是将以上的几种合院形式组合而成，并沿一定轴线进行布置，由"过厅"或是"过道"连接，两面带厦，其中几院辟为书房、花园等。白族民居大部分一直采用合院式的形式，其典型布局有"三坊一照壁"与"四合五天井"两类，并由此演变出更复杂的大型住宅。而本镇民居建筑的基本格局是以"天井"为中心的内向型家庭组合式合院，"天井"是将建筑群进行院落分类与联系的关键。

金华镇民居建筑多数为两层楼阁式，上下共有两层，并建有檐廊。主屋称为"正房"或"正屋"。底层三开间一明二暗式，明间为堂屋，两次间为卧室，明间设置六扇格扇门。以六扇活动的雕花格扇门作为界定室内外空间的标志。逢举办红白喜庆等家族大事时，可把格扇门取下来扩大使用空间。堂屋左右两侧为卧室，采用隔板划分空间。楼上正中供奉天地国亲师牌位，右供东厨司命，左供历代宗亲，两侧房间可供人居住或堆放家具什物。次间安设单扇门加格扇窗。前有宽大厦廊（檐廊）作为日常休息及宴客的地方。

5.2.4　建筑尺度

厦廊宽5尺，按当地尺度计算约合1.9米，若加上台明宽2.2尺，约合0.733米，前出檐1.7尺，约合0.567米，总计前檐遮阳宽度达3.4米。由此可见，室外过渡空间的尺度相对较大，与天井联系紧密。

正屋两山附建稍矮的小楼阁，俗称"漏阁"，一般用作厨房或书房。

正屋前两侧之屋称为"耳房"或"厢房"，也以三开间为一坊，其结构与正屋一样，但一般作为仓房、畜厩、厨房等使用。

　　建筑高度以脊高计算，正房脊高一般为一丈七尺（约合 5.67 米）至二丈一尺（约合 7 米），厢房视正房高矮而定，一般比正房稍降一二尺。不管正房还是厢房，中间的堂屋面阔为一丈二尺（约合 4 米），两边的居室面阔为九尺或一丈。进深则正房与厢房有所区别，正房取一丈四尺（约合 4.67 米）至一丈六尺（约合 5.33 米）。面阔与进深的尺度虽有区别，但实际盖房时，往往不取足丈足尺，寸数忌讳使用二、三、四、七，而喜取一、六、八、九。如堂屋面阔为一丈二尺（约合 4 米），实际上取一丈一尺一寸、一丈一尺六寸、一丈一尺八寸、一丈一尺九寸。其中以取一丈一尺六寸或一丈一尺八寸最为普遍，民间有"有福有禄（六）"和"要想发，不离八"的口头语。① 房屋在建造的实际尺度中也涵盖着"吉祥、富贵"的意思。

5.2.5　建筑结构

　　金华镇住宅建筑多以砖木结构的瓦房为主，无论合院平面采用的是"三坊一照壁"的布局，还是"四合五天井"的布局，两种建筑形式的屋面均使用筒板瓦覆盖，建造出重檐，并形成前出廊的格局。"排架"（以一排柱子为主的屋架）承重，四柱落地。左右后三方用土基墙围护，前面及中间用木板隔断，山墙到顶，屋面挑出的（建筑上叫作"悬山"）较山墙直出屋面的（建筑上叫作"硬山"）为多。"硬山"构造有防止邻居火灾波

---

① 剑川县民族宗教事务局 . 剑川县民族宗教志［M］. 昆明：云南民族出版社，2002：192.

及自家住宅的防护作用。在"排架"间和楼板照面枋之下，前后均有一根通穿的枋，当地叫作"穿枋"，它把整所房子的"排架"联成一个整体，与照面枋、檐口挂枋和落地桥（通柱）相互作用，增强了建筑结构的抗震能力。

5.2.6　建筑材料

大理民间有"大理有三宝，石头砌墙墙不倒"的俗语，是指建房取材的特点。据记载，早期南诏民居建筑呈现出"巷陌皆垒石为之，高丈余，连延数里不断"。这种用材特征沿袭了南诏时的建造方式。

此外，充分利用当地溪水中盛产的鹅卵石来砌墙，也是本地区建筑的一大特色。本地区的鹅卵石非常多，居民大都就地取材，广泛采用石头为主要建筑材料。鹅卵石不仅用在打基础、砌墙壁，也用于门窗头的横梁之上砌筑。土坯墙的砌筑上部加入竹木作筋，鹅卵石作基础。本地土坯墙体的砌筑方法是两侧山墙使用大块的土坯砖垒砌，墙心部分用小型土坯砖叠砌。（见图 5-11-a、图 5-11-b）

图 5-11-a　墙体构造

图 5-11-b　墙体构造

5.2.7　建筑装饰

在金华镇民居建筑的装饰艺术中，最为明显的装饰是木雕，而砖雕与石雕艺术也占有相当一部分比重。当地匠人将平时所见所闻的事物或是延续传统纹样雕刻在没有生命的木头、石头、砖瓦之上，创造出了其独有的艺术价值，提高了审美情趣，使得居于建筑之中的人们能够感受到地方匠人的精神思想的传达与共鸣，并为居住文化增添了绚烂色彩。

有些民居的大门开在东北角上，门不能直通院子，必须用墙壁或是隔板遮挡，其上一般写有"福"字。在外形上，屋顶曲线柔和优美，屋脊有升起，且两端翼角缓缓翘起，屋面呈凹曲线状；外墙很少开窗，且外墙檐下，施以黑白图案设计及彩绘；大型民居还重点装饰照壁与宅门门头，异常绚丽精美。

建筑装饰手法与题材的多样性、雕刻技法与内容的栩栩如生，体现在每座居住建筑的宅门门头、梁枋、窗户、柱础等部件上，甚至其内部的梁柱上也都装饰有丰富的图案。根据不同构件的使用和位置，其建构手法和题材也不相同。在两座建筑的交角处也会使用屋顶装饰手法，墙面上有彩绘装饰。此外，山墙之上的厦插插头、插穿、子衍、悬牙、吊牙、大锉等部位也都有成套的雕刻纹样。门窗户壁的形式更是多种多样，门有单扇门、双合门、隔扇门、板门等，而窗有四开六开、一掀一拦、梭门等。门窗纹样有四方格、象眼格、冰裂纹、龟板纹、菊夹梅、马蹄斜旋等。图案采用松竹梅兰、鹿鹤同春、兔含仙草、明八仙、暗八仙等。照壁之上、山墙内侧、大门内外侧都绘有各种壁画。多种的建筑装饰，表现出宜居宜赏的金华镇居住环境。

5.3　比较研究

5.3.1　金华镇明清时期民居比较

明清时期是封建社会末期，制度皆已定型，封建经济已经发展到顶端，并开始出现资本主义萌芽，孕育着经济转换的机制。在建筑上，木结构有了进步，确立了梁柱直接交搭的结构方式。大量使用砖砌围护结构，建筑群体布置有了新发展，更重视建筑空间的艺术性。私家宅园发展深入各阶层的市民中。建筑装修、彩画、服饰等渐趋程式化与图案化。室内家具大量使用硬木，而呈现出轻柔明快的时代造型。

自明代开始，现存民居建筑实例逐渐增多，为研究工作提供了实物形象资料。从此开始，建筑规制规定较为严格，到了明后期，如正统十二年（1447）对禁限有所变通，庶民架多而间少者不在禁限，等于准许民间建造大进深和大面积的住屋。在地少人稠的南方地区也开始了大面积建造，此时大进深的房屋可产生楼阁轩廊以及重椽式的内檐天花，开拓了内檐建筑空间的变化。

清代是一个经济、政治带有总结性质的社会阶段，在社会、文化、经济条件诸方面都有重要的变化与进展，这些变化对社会需求量最大的民居建筑产生了巨大的影响，形成了缤纷多彩的民居面貌，也为建筑史研究提供了大量建筑实物资料。清代民居的新面貌正是在以往社会与历史背景的制约与促进中形成的，与明代民居建筑相比，呈现出丰富多彩、精思巧构的风貌。

清代各民族文化间的交流首先表现为兄弟民族对汉族文化的吸收。清代各民族间的民居形式上相互吸收融合，相互取长补短，各自在地区大环境下努力发展自己的特点，并形成了各自富有个性的民居建筑形式。由于人口增长与耕地减少之间的矛盾加剧，人们的居住条件受到更大制约，居住密集程度较明代提高了很多，这一点从各地明清住宅的比较中可明显地看出来，尤其以人多地少的南方及西南地区尤为严重。居民迁移活动促进了民居形制的交流、工艺美术技艺与民居建筑的结合。同时木材危机刺激了民居建筑寻求新材料及新技术。

从民居建筑角度，若以清代盛期的建筑与明代末年的建筑相比较，其形制变化并不十分明显。造成这种现象的主要原因是明清时期建筑技术没有更大突破，建筑外形一脉相承，业主财力主要表现在建筑装修及装饰的艺术设计方面，属于细部上的变化。虽以清代为主线，但也兼顾明代民居概貌。

金华镇地区明清居住建筑虽有相似之处，但在有些方面也是差别很大的。例如，明代建筑合院虽沿袭传统做法，布局都很相似，但在单体建筑的构成上就有所不同。"闷楼"的做法、倒座房砖墙的砌筑、梁柱枋用材的粗大、石雕木雕形式的变化、装饰构件的变异、瓦件尺寸的变化、宅门的位置设计等，都是极其不同的。明代，经济的发展已经使民居建筑有一定财力投入装饰性设计中，如门楼、照壁砖雕、各个枋头上的木雕、月梁的使用、墙面之上的彩绘、室内隔断式的板壁、格扇、厅堂联匾与字画，特别是明式硬木家具的制造与设计，更使明代室内环境有了鲜明的改变。

由于材料与技术的进步，明代民居建筑造型已有多项内容与形式的改变，青砖用于外墙，故不用挑檐方法来保护外墙，所以悬山顶房屋渐次稀少，取而代之以硬山顶的山墙，此项改进始源于多雨的南方地区，逐步推广到北方地区。而清代建筑主要突出装饰木雕、石雕技艺的精湛、图案的多样。虽有住宅等级的限制，但仍在某些装饰上出现了麒麟、狮子、龙等瑞兽纹样。受到用地的限制，建筑不一定追求传统的轴线对称或是建筑朝向，如坐西朝东、坐南朝北的规定，而采取因地制宜的方式进行建设。

5.3.2　金华镇与其他地区民居比较

1. 与北京四合院民居比较

从院落布局、建筑结构和内外装修等基本风格来看，金华镇民居与中原民居建筑具有传统承袭关系。由于自然环境、审美情趣上的差异，金华镇民居有自己明显的民族风格和地方特色。现在以金华镇四合院与北京四合院为例作大致的比较：首先从主房的方位来看，北京四合院主房多以坐北朝南为贵；而金华镇民居主房一般有坐西向东，依山傍水，或是坐北朝南，建筑朝向还随建筑所在的街道、走势及基地的面积而定。其次，北京四合院住宅大多是一层平房，而金华镇民居基本上都是两层楼阁建筑。（见图 5-12、图 5-13 ）

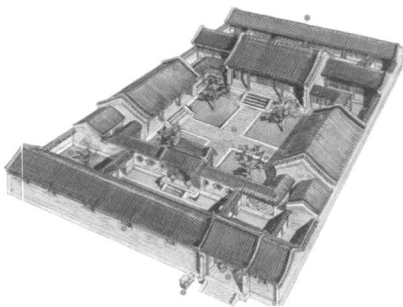

图 5-12　北京四合院轴测图

图 5-13　剑川金华镇小型四合院

2. 与大理白族民居比较

白族民居有浓厚的民族特色，适应本地地形、风大、多地震等自然条件的特点，平面布局和组合形式一般有"一正两耳""两房一耳""三坊一照壁""四合五天井""六合同春"和"走马转角楼"等。

金华镇民居建筑平面组合形式也是以上几种，但是其中有微妙差别。例如，金华镇民居正房一般都有檐廊；倒座房有时有檐廊，有时不设；两侧厢房都没有檐廊，其平面就不会出现大型"四合五天井"式格局，有时就会演变为单纯的四合院式。正房等单体建筑都不一定完全是一明两暗式的三开间楼阁式建筑，有时候为五开间，视具体情况而定。"三坊一照壁"中的照壁形制也和其他白族民居不同，照壁墙体较矮，且墙上没有较多装饰。在此基础上，还出现了三坊建筑与一面围墙（围墙正中开设宅门）的三合院式院落。四合院民居的宅门开设在倒座房的明间，形成过厅结构。这些都与大理白族民居建筑有所不同。（见图 5-14、图 5-15）

图 5-14　大理喜洲某宅——"三坊一照壁"　图 5-15　大理喜洲某宅——"四合五天井"

　　门楼（宅门）是院落建筑群的第一建筑形象，也是整座建筑群空间的入口，它的地位是十分重要的，其规模代表着宅院的门第及等级，显示其古代社会中的地位。白族民居建筑中的门楼，经历代白族匠人的精心创作，成为白族民居建筑中最精致、最具代表性的建筑形象。门楼（宅门）的基本形式有"一滴水""三滴水"两种。"一滴水"即普通的坡屋面式。这种门楼简朴大方，为一般居民所普遍采用。"三滴水"则宏伟壮观，设计出非常精致的斗拱并采用双层翘角，稍大尺度的院落大都采用"三滴水"式门楼。而有厦门楼则采用三间牌楼式造型，其中又分出角式与平头式两种，显示出门楼异常华丽与繁杂的面貌。（见图 5-16-a、图5-16-b）

图 5-16-a　大理喜洲民居宅门样式

图 5-16-b　大理喜洲民居宅门样式

图 5-16-c　大理喜洲民居宅门样式

图 5-16-d　大理喜洲民居宅
门样式

图 5-17-a　剑川金华镇民居宅门样式　　　　图 5-17-b　剑川金华镇民居
　　　　　　　　　　　　　　　　　　　　　　　　　　宅门样式

　　金华镇居住建筑门楼的做法虽没有那么富丽堂皇，也没有传统白族民居建筑"三滴水"形式，每家门楼样式基本都采用"一滴水"形式，但又各不相同。根据所调查的门楼，有歇山顶、悬山顶、照壁与门头相结合三种式样，门楼式样变化多而繁杂。讲究的家庭会将宅门放置在院落入口正中，并将结构与装饰相结合，做出悬挑的门楼式样。无论居住建筑采用何种形式，宅门的位置都必须选择在正房左侧，忌正对卧室、客堂。宅门建筑屋顶形式有重檐斗拱式、门楼式（把传统牌楼与垂花柱融合而成的一种形式）、歇山顶式等。此外，金华镇门楼样式还有一些形式是根据当地习俗或屋主的喜好而建成的，故而形式多样。近代以来，受西方及东南亚地区文化的影响，出现了一种无厦门楼，即用装饰性的门柱墩及其之上的三角形山面组合而成，手法产生多种变化。（见图 5-17-a、图 5-17-b）

　　大理地区地形西高东低，主导风向亦为西风，故当地白族民居正房面朝东，大门一般开在东墙北端，从厢房或漏角天井进入宅内。厨房一般设在正房一侧北耳房内，而上楼的楼梯则设在堂屋之后的夹室内，或次间山墙及漏角天井耳房内。不论是三坊围合的院落或是四坊围合的院落，二楼皆可互相通行。房屋构架采用插梁架（山墙）与抬梁式构架（明间）相结合的构架方式，一般常用五架或七架，梁架的瓜柱用材以一种带花饰的柁墩替代。

金华镇地区虽然主导风向为西风，但不是所有建筑都是坐西朝东的，视大门的位置，一般根据合院建筑的具体情况而定，有的合院是从漏角内天井进入宅内的，有的合院是坐北朝南而宅门位于合院正中的。厨房内楼梯与上二楼的楼梯与前相同。不论是三坊合院或四坊合院，二楼皆可互通。房屋构架采用穿斗与抬梁相结合的构架形式，通常采用五架梁或七架梁，梁架的瓜柱则用一种带花饰的柁墩代替，并采用弯曲的大梁。檐外枋头上会出现坐斗形象。为了防风，白族民居多为硬山墙，后檐为封护墙面，并在檐头压砌石板，以防檐口瓦片被风吹落。金华镇居住建筑山墙为防雨，还会将山墙上的屋顶悬出一段距离，并在伸出墙外的枋头上挂有瓦件，以防止雨水的侵蚀。

墙体的构造也有区别：大理地区居住建筑的外墙体一般使用小尺寸的土坯砖，主建筑的墙体都使用砖砌筑，同时在外墙上都刷有白灰浆。而金华镇地区外墙为土坯墙，仅在角部有砖柱，并使用大尺寸的土坯砖砌筑，而且砌筑方法也不尽相同，外饰白色墙皮都已经剥落，有的墙体没有被粉刷。有些住宅为保护土坯墙免受雨淋，才采用抹白灰的手法，但大理白族民居建筑中特别是富户人家多以片砖贴面。

大理白族民居具有丰富的建筑装饰艺术处理手法，重点表现在照壁、有厦门楼、墙面贴砖及格扇门窗的雕刻上。照壁有一滴水照壁与三滴水照壁，壁顶瓦檐高翘，白灰粉刷的壁心中央多配以文字或大理石屏画，壁前置葱绿鲜美花台盆景作装饰。有厦门楼的出角式为高翘的翼角，檐下斗拱繁密，大理石板嵌贴，成为街巷中重要的街景点缀，多为官吏、地主、富商宅院。这与汉族将砖雕牌楼式宅门向内院展示的向心型装饰心理完全一致。一般而言，在村居家庭中，宅门多用平头式，其出檐短，无斗拱，仅用叠涩砖装饰。约在清中叶以后，墙面的贴砖艺术有了显著变化，用青灰色的砖贴墙面、白色的灰勾缝，编织出类似锦纹印花的装饰效果。（见图5-18-a~图5-20）

图 5-18-a　大理喜洲民居照壁

图 5-18-b　大理喜洲民居照壁

图 5-19　大理喜洲居住建筑
　　　　　山墙上的装饰

图 5-20　大理喜洲居住建筑的砖墙

金华镇为我国重要木雕盛行区，木雕技艺精湛，这种技巧被广泛应用在隔扇门的裙板及隔心雕刻中。由于大理地区气候温和，大部分时间建筑的房间门窗都是处于开启的状态。室内光线充足，故棂格的采光要求降低，而向纯装饰性技艺创作手法发展。有些隔扇门门心改为自然花鸟山水的透雕板，高手匠人可以在隔扇心重叠透雕出五层不同的花纹图案，有巧夺天工之妙。

金华镇建筑离不开精美的雕刻与绘画装饰。木雕多用于建筑物的格子门、横披、裙板、耍头、吊柱等部分。雕刻题材多以卷草、飞龙、蝙蝠、玉兔等各种动植物图案造型为主，千变万化，运用自如；更有不少带象征意义的作品，如"金狮吊绣球""麒麟望芭蕉""丹凤含珠""秋菊太平"等情趣盎然的图案作品跃然隔板之上。

剑川金华镇木雕巧匠们擅长玲珑剔透的三至五层"透漏雕"技法，多层次的山水人物、花鸟虫鱼都表现得栩栩如生。"粉墙画壁"是白族建筑装饰的一大特色，墙体的砖柱和贴砖都刷灰勾缝，墙心粉白，檐口彩画宽窄不同，饰有色彩相间的装饰带。以各种几何图形布置"花空"作花鸟、山水、书法等类型字画，表现出一种清新雅致的情趣。建筑一般都采用殿阁造型，飞檐串角，再以泥塑、木雕、彩画、石刻、大理石屏、凸花青砖等组合成丰富多彩的装饰立体图案，显得富丽堂皇又不失古朴大方的整体风格。几乎所有白族人家都很讲求住宅环境的优雅与整洁，多数人家的天井里一般都砌有花坛，种上几株山茶、缅桂、丹桂、石榴、香橼等乔木花果树，或在花坛边沿或屋檐下放置兰花等盆花，形成生机盎然的生态环境。

5.4　本章小结

金华镇民居建筑特点形成的原因：第一，白族历史悠久，文化较发达，与内地的交往密切，所以汉族建筑技术对其有较大影响；第二，建筑技术好，有较高的鉴赏力，工匠的技艺水平极高；第三，经济发达，有雄厚经济基础的官宦之家具备修建大型民居建筑能力；第四，该地区历来风大地震多，人们为防风防震逐步改造建筑的结构；第五，思想文化观念的影响；第六，社会与人口的多种因素的影响。

金华镇民居建筑的基本特点：第一，宅基地的选址。选址前先进行一些祭祀性的仪式，选址时颇有讲究，以吉祥为目的进行选址。第二，定居是农耕民族最主要的特征，金华镇民居也不例外，且汉化影响很大。第三，建筑基本格局为"一正一厢""三坊一照壁""四合五天井""一进几院"的合院格局。第四，建筑尺度。檐廊宽约为 2.2 米，总进深约为 5 米。建筑的高度以脊高计算，正房脊高一般约合 6.46 米至 7.98 米，厢房一般比正房稍降 0.33 米至 0.66 米。第五，木构架承重，运用抬梁与穿斗相结合的混合构架形式，山墙也可部分承重。第六，建筑材料一般使用卵石作为基础，上砌土坯墙体，有些墙内也施有木材与竹筋。第七，建筑装饰题材与手法多样。

综上所述，通过比较研究发现其特征：第一，金华镇同一时期明代建筑形式较为统一，而清代形式较为复杂；第二，金华镇同一时期明代建筑结构简单，但做工讲究，在梁枋之上都会有装饰，如典型的雕刻纹样，而清代结构沿用明代做法，用材小且制作不讲究；第三，清代建筑装饰明显多于明代；第四，北京四合院院落的等级观念控制较为严格，大理白族民居建筑合院格局也很复杂，讲究规整，但金华镇民居合院样式简单，没有特定的规范与模式，如门头样式上基本没有规律与模式。

第 6 章 金华镇民居价值及其发展前景

6.1 金华镇古民居价值

金华镇（剑川古城）历史久远，距今将近 700 年的历史。虽然城墙经过历代修筑，但是其形制得以确立。自 1958 年之后的城市规划，古城遭受大面积破坏，且在整饬修建中毁坏了城门楼、城墙，逐年改造的街道，毁损的公共建筑与居住建筑，大量拆毁的古城中标志性牌坊，加上新城镇的建设与侵蚀，古城也随之分为两部分。

虽基于以上原因的影响，但古城格局基本保留下来。历史上的街巷名称依然沿用原来的名称，特别是部分古代居住建筑规模可观，这些古建筑群都显示着原来的古代建筑面貌，并使得古城格局能够反映明清时代的城镇面貌。

现在金华镇内所保存的居住建筑是历史上遗留下来的，既有始建时的完整状态，也有伴随历史迁移而多次改建的状态（保存着一定的历史迁移信息），加之自然与人为的破坏，古建筑必然会受到损毁或是缺损。

金华镇与古城一脉相连，各类古建筑反映出一定的历史真实性。它体现了某一历史时期的物质生产、生活方式、思想观念、风俗习惯和社会风尚，而这些都可以证实、订正、补充文献记载的史实。在现有的历史遗存中，其年代和类型独特珍稀，或在同一类型中独具时代性，也能够展现文物建筑自身的发展变化。

6.1.1　历史价值

古民居由于某种重要的历史原因而建造，并真实地反映了这一历史事件。例如，历史曾发生过重要事件或有重要人物曾经在其中活动，古民居能真实地显示这些事件和人物活动的历史环境。

建筑是一个融合各种复杂活动的有机体，它的形态、个性及特征不会在短时间内形成，往往需要漫长的历史积淀。金华镇建筑风貌保存完整，呈现鲜明的历史环境及形象，且显著区别于现代城市的建筑形象，这是它的形象和文化特色的集中反映与体现。它是这个地区的历史记忆及根基，其历史性是具有决定性意义的，是不可忽略的。

金华镇目前所存的古代建筑属于文物建筑。其早期居住建筑建造的历史原因有以下几点：首先，古代建筑是为了满足当时城内居民居住要求而建造的；其次，是了维护政权或巩固军事地位而设立了具有军事目的的军营或军镇；再次，作为农耕与屯守的需要，城镇形成了以居住为中心，周围以农田围合的聚居形态；最后，商业的需要也在城镇中有所体现。这些历史建造原因都体现在所存的金华镇的古建筑群中。

金华镇，历史上发生过很多重要事件，出现过很多重要人物，居住建筑就可以反映出各类事件与人物的日常轨迹，也能真实地显示出这些事件和人物活动的历史环境。故此，金华镇体现了明清时期本地区的物质生产、生活方式、思想观念、风俗习惯和社会风尚等。

6.1.2　科学价值

科学价值专指科学史和技术史方面的价值，主要表现在以下几个方面：首先，规划和设计，如选址布局、生态保护、灾害防御以及造型、结构设计等；其次结构、材料和工艺以及它们所代表的当时科学技术水平，或科学技术发展过程中的重要环节；最后，本身是某种科学实验及生产、交通等的设施或场所在建筑技术上的反映，如结构（穿斗与抬梁的结合形式）、材料和工艺（木雕工艺的娴熟），并在其中记录和保存着重要的科学技术资料。[①]

6.1.3　社会价值

金华镇的早期居住建筑作为人们生活的一个构成部分，作为现在城镇生活的一个基本单元，人们长期居住、生活、工作于此，建立了紧密的社会联系，种种复杂的社会网络关系具有强大的凝聚力和亲和力，使得本地区居民往往对居住地拥有强烈的归属感和认同感。他们彼此之间结成了密切而融洽的邻里关系，这在今天的其他现代城市中是非常少见的。此外，历代的血亲关系筑结了强大的关系网，在此基础之上，发挥了邻里互助、舆论监督以及道德约束等的作用，减少了社会犯罪和其他不法行为的发生。可以发现，本镇的治安良好，虽然生活一般，但邻里关系和睦，社会氛围和谐。虽然居住环境较为拥挤，但人们乐在其中。所以说这种历史遗留下来的居住建筑是维系镇上关系网的巨大财富和重要保证，它也是本镇居民生活的物质保证和精神基础所在。

---

① 国际古迹遗址理事会中国国家委员会 . 中国文物古迹保护准则（附：关于《中国文物古迹保护准则》若干重要问题的阐述）[M] . 2000：69.

6.1.4　艺术价值

所存居住建筑的艺术价值表现在：

首先，在建筑艺术上，包括空间构成、造型、装饰、形式、空间格局、比例关系、建筑尺度、建筑构成、单体建筑造型、屋顶样式等。

其次，在景观艺术上，包括人文景观、自然景观、文化景观以及特殊风貌附属于文物古迹的造型艺术品，包括雕刻、壁画、塑像以及固定的装饰和陈设品等，其年代、类型、题材、形式、工艺的独特性都反映出特有的风格与风貌。

最后，上述各种艺术品的创意构思和表现手法。[①]

金华镇院落空间协调，关系得当，各座建筑之间主次分明，错落有致，尺度宜人。建筑造型优美，如屋顶曲线，屋顶上的瓦件铺设出韵律感。建筑立面的繁简搭配，大到建筑的外形和尺度，小到建筑装修和构件装饰，丰富多样，独具匠心。石雕精美，图案形象较为逼真，且种类繁多，动植物形象多出现在各个构件上。雕刻的手法多样，有平雕、透雕等多种方式。剑川素以"木雕之乡"著称，加上古建筑的久远，所存留下来的木雕，处处都显示出建筑木雕的独特与工艺。因文化背景的不同，所雕饰的题材、类型也不尽相同，是不可多得且不可移动的造型艺术品。

古建筑色彩协调，灰色瓦屋面，白色灰浆墙面，青色台基，棕色柱身及绿色植物，与蓝天白云相互映照。

在景观艺术上，整体建筑群形成大面积的景观天际线，耕田、建筑、

---

① 中国文物古迹保护准则（附：关于《中国文物古迹保护准则》若干重要问题的阐述）（国际古迹遗址理事会中国国家委员会 2000 年 10 月）：52.

山体、湖水等形成了成片的景观肌理，同时由各座建筑构成的不同院落，建筑与建筑、天井与建筑都形成了小型庭院景观。特有的人文景观也是整座居住建筑的一大亮点，与庭院景观相结合，丰富了建筑的内涵和景观的意义。

6.2　金华镇古民居发展前景

6.2.1　存在意义

金华镇目前所存的古代民居建筑属于文物建筑，也是当地居民居住以及生活的活动场所。它既是静止的，也是运动的；它是历史的，也是现在的；它既有使用价值，也有教育和启迪价值；它是反映历史信息、传承工艺的实物载体。

6.2.2　社会效益和经济效益

首先，合理利用并充分保护和展示文物建筑的价值，是保护工作的重要组成部分。

利用主要是指服务于当前的实用功能，必须坚持以社会效益为准则。利用的功能应当尽量与文物建筑的价值相容。文物建筑除只供科学研究和出于保护要求不宜开放的以外，原则上都应当是开放型的和公益型的。其利用的功能和开放的程度，要以文物建筑不受损伤，公众安全不受危害为前提。发挥文物建筑的社会效益，要通过有效的保护手段，真实地展示其自身的历史形象；要可以恰当地使用多种艺术与技术手段，准确地向公众解释其价值。

其次，要充分认识文物建筑是构成历史文化名城最根本的条件，对文物建筑保护的数量和质量的确定，是决定历史文化名城保护工作水平最主要的标准；要充分发挥文物建筑在城市、乡镇、社区中特殊的社会功能，使其成为某一地区中社会生活的组成部分，或该地区的形象标志。

它可以通过以下功能发挥社会效益：

一是科学研究的功能。科学研究功能包括为人文学科和自然学科提供实证材料，或由文物古迹提出新的人文学科或自然学科课题。

二是社会实用的功能。社会实用功能包括重大事件和重要人物的纪念场所，历史、艺术、科学等知识的教育场所，以历史文化为主题的观光场所，为身心健康活动的休闲场所，传统的民俗和延续的宗教场所。

三是审美的功能。审美功能主要包括以下社会效益：国家通过文物建筑特有的艺术环境的熏陶，培育公众高尚的情感和兴致；专业人员通过对文物建筑的欣赏、分析，提高公众的艺术鉴赏水平；艺术家通过对文物建筑的观摩、领悟，丰富创作的题材和技法。[①]

6.2.3　维护与更新策略

维护策略：

首先，金华镇所存的古代建筑属于文物范畴，所以其维护和更新必须依照文物保护法进行管理，由地方政府或是文管所负责。

其次，由于金华镇现存的古代建筑仍有继续利用的价值，是当地居民

---

① 中国文物古迹保护准则（附：关于《中国文物古迹保护准则》若干重要问题的阐述）（国际古迹遗址理事会中国国家委员会 2000 年 10 月）：26.

生活中不可或缺的一部分物质载体，每个居住的家庭由于历史的原因，每座居住建筑都凝聚了该家族的精神力量。既然镇上的人们要继续居住于此，人们就会自觉地改善居住环境，改善建筑的质量，在改造的同时就会破坏目前建筑的格局或是增建一些不协调的建筑，以上人为原因无疑是对建筑的极大破坏。所以居住于此的人们也要有维护建筑和保护建筑的意识与做法。在调查这些建筑时，本人发现无人居住的建筑坍塌较快，由于长期无人居住，导致自然力对建筑的侵蚀，这也是一个致命的伤害。所以本人建议这些所存的居住建筑最好经常有人居住，并进行适当的日常维护，才能将建筑延续下去。

最后，有关部门要根据金华镇所存的古代建筑现状质量、建筑等级、文物价值等，对其进行分类分层管理，实施挂牌保护，或使其成为博物馆从而可以进行展品展示。

具体维护策略实施与建议如下：

对于破坏较为严重的但历史、人文价值相当高的建筑，有关部门必须经过严密调研后，备档、记录、考证、核实后进行修整或是整理。保护手段为尽量保留原有构件。残损的构件经过修补后仍然使用，不要更换新件；可以允许增设稳定结构所用的构件，但仅允许加固或是必要的修补。历史上所更换的构件最好保留，不一定要求建筑风格和式样的完全统一或是相似。另外，有关部门要加强更为人性化的概念设计与可持续发展观念，即在设计中使用的材料和手段不需要尖端技术，尽量采用可逆化设计方法。

对于破坏一般但有很高价值的建筑，有关部门需进行防护加固和日常保养等，但要注意公需适当保护，不要求一劳永逸，而且要留有余地，手段与材料必须经过认真考证，在加固时还要注意不要损伤原来的建筑构建和装修等。

对于破坏较为严重但价值一般的建筑可酌情而定，有关部门要看是否有保留的价值或是仍有使用者在使用，如果确需增进，要求所建的建筑与其周围相邻的建筑风格一致，且不允许乱搭建其他附属建筑。

对于破坏一般且价值一般的建筑，也和前面的情况一样进行建设，或连建设的必要都没有的情况下，就将此建筑废弃。例如，其中所调查的七曲巷主人已经将院落产权收回，院内的建筑维修完毕，准备将此院改为"青年旅社"，只是原有的建筑设施缺少，如卫生间等，所以在修建或是重建时应注意配备这些必要生活设施。再如，消防设施等也要考虑到，以使这座古代城镇再次呈现活跃生机。

以上所有建筑的维修和更新都是视具体情况而设定的。现在城里已经维修好的或是已经修建完毕的建筑，如果风格或是做法与本地统一的建筑风格或是做法一致，就可以保留，将其延续和维护下去。而一些加建的建筑有碍观瞻的，务必将其拆除。为维护文物建筑和居住建筑环境的协调，进行环境清理和保护时，不仅要从宏观上控制环境协调，而且要从微观上整理环境，以确保维护环境卫生和居民生活健康。

6.3　本章小结

金华镇历史久远，距今已近 700 年时间。虽然城墙经过历代维修和修筑，但是其形制得以基本确立。

金华镇古建筑由于多种重要的历史原因而建造，并真实地反映了这种历史存在。在其中发生过重要事件或出现过重要人物，并能真实地显示出这些事件和人物活动的历史环境。

金华镇目前所存的古代建筑属于文物建筑，存在的科学价值专指科学史和技术史方面的价值。金华镇早期居住建筑作为人们生活的一个构成部分以及现在城镇生活的一个基本单元，人们长期居住、生活、工作于此，建立了紧密的社会联系，种种复杂的社会网络关系具有强大的凝聚力与亲和力，使得本地区居民往往对居住地拥有强烈的归属感和认同感。所存居住建筑的艺术价值往往表现在建筑艺术上、景观艺术上以及上述各种艺术的创意构思与表现手法中。

金华镇所存的古代建筑既是文物建筑，又是当地居民居住及生活的活动场所，它是静止与运动的合体；它是历史与现在的载体；它既有使用价值，也有教育和启迪价值；它既可反映历史信息，也可传承工艺信息。

更好地保护和使用且能让建筑真正发挥作用，是我们保护民居建筑和维护民居建筑的一个主要目的。只有全面了解和发现了其价值与意义，认真地调查与研究，才能对古代民居建筑的保护与发展提出更为有利的建议。（见图 6-1~ 图 6-4）

图 6-1　维修后院落宅门渗入可持
　　　　续设计理念

图 6-2　街道变电设施与民居建筑风格一致

图 6-3　有价值的古代民居
　　　　建筑可保持原状

图 6-4　修复后的建筑与环境协调统一

第7章 结 论

本书在对云南省大理自治州剑川县金华镇（剑川古城）地区现存民居建筑的构成与分析的基础上，结合实地调研、测绘、观察走访，选取了五座较为典型的实例进行重点论述与分析研究，并在此基础上得出有关金华镇居住建筑的特点及保护的相关理论，具体内容如下。

7.1 金华镇建筑特征

"特点"是指人或事物所具有的独特的地方。[①] 金华镇所处的特殊地理环境，异于它所处的历史地理环境，形成了该地区建筑尤其是民居建筑独有的特点。

第一，明代时期建造文人家族所居住的建筑院落格局形式自由。虽然仍然套用传统的格局，如"三坊一照壁""四合五天井"等，但是没有特定的建筑格局形式（由于用地紧张和人口增加，其建筑格局是不断改进和

---

① 中国社会科学院语言研究所词典编辑室 . 现代汉语词典［M］.7 版。北京：商务印书馆 , 1983：1281.

变化的）。合院平面一般都是正方形与长方形的，这和当时用地及人口的数量有关。武将世家，用地较为宽裕，结合居住与办公之用，建筑格局与明代同期建筑相同。到了清代，由于用地局限，导致建筑格局改变，合院整体渐为狭长形设置，院落纵深感逐渐加强。

第二，建筑朝向多数为坐北朝南，且宅院设在街道两侧，与城镇街道朝向一致，但有的合院也因为和街巷相垂直，所以朝向也会随之改变为坐西朝东。

第三，明代武将世家的居住建筑不仅具有居住的功能，而且有防御与祭祀的功能。

第四，整体建筑装饰使用手法和题材多样。

第五，明代居住建筑外檐使用的纹样是瑞兽等，或折线雕刻，或曲线雕刻；而内部的梁架上多采用如意、草叶纹样，双线雕刻；窗户纹样都是几何纹；隔扇门使用裘纹和梅花纹样，重复图案排列，以上雕刻工艺多为木雕，砖石刻较少。清代时期极重视装饰，故雕刻手法和题材多样，更加注重装饰的内涵与外延，讲究吉祥寓意，出现了"百富窗"和复杂的隔扇门等。

第六，建筑结构一般为抬梁与穿斗相结合的混合式结构，山墙以土坯墙为主，承重和围合同时并用。为了突出正房的重要地位，仅正房和倒座房带有廊柱和檐廊，而东西厢房很少见到檐廊，或仅将穿插枋等构件伸出一段距离，承托小段屋檐。

第七，建筑材料多采用鹅卵石与泥土做地基，土坯结合夯土等夯筑而成。

第八，檩条出际时，其末端仅悬有瓦片，以防止雨水冲刷，保护檩头。

第九，合院尺度整体较小，无论是进深、面阔或单体建筑高度等都是小尺度，所以整体合院空间显得狭小。即便如此，合院尺度也仍是比例合适，并没有压迫之感。

7.2 金华镇建筑特色

1.金华镇（剑川古城）选址特色

（1）自古至今，金华镇都占据着有利的地势，从军事、商业、交通上均占有一定的地位，它是通往云南滇西地区和藏区的一个主要关口。金华镇所在地区地势平坦，靠近金华山脉，水源充足，是一片较为适宜人们长期居住和耕种的开阔地带。

（2）有传统建筑意义的城镇选址。"背山面水"的地理位置，又有山水环抱的趋势，还有生态观念的融入，形成微型气候循环，同时城镇中心设计有大型的水池，更加强调了古镇吉地选址的意义。

（3）为了取材方便，本地区的人们通常选择靠近树木茂密的地方修建建筑（金华山脚下）。

（4）作为一座城镇的背景，周边山水起到了必不可少的作用，自然与建筑互为融合、互相映衬。

（5）古城重要的军事地位，必然使得古城的政治地位显赫，成为剑川坝子地区较为重要的、占有统治地位的一个军事治所。

2.古城格局特色

城镇内部结构清晰；城墙的防御系统较为完备，有护城河、城墙、城门、谯楼等；无论城内还是城外道路，等级区分都十分明确，城外的驰道比城内的宽阔；街道格局完整，且有道路等级的区分；四座城门不是完全在一条轴线上的，不完全中轴对称，且没有特定中心；有明显的区域划分

（分为衙署区、文化教育区、商贸区、军队驻扎区、居住区）；居住区比较分散，以宗族家族的居住为中心，逐渐扩大；城镇是自发而成的，后期伴有强制性的规划思想；街道两侧的建筑高度一般都有六米左右，没有特别高大的建筑显露出来；城镇有完整的城市设施，有供水、防火等系统；城镇的设计利用牌坊、桥梁等作为街道的界定和空间的划分；牌坊的设立突出了金华镇崇尚儒学学风；城镇内部的公共建筑也表明本地区人们的宗教信仰，城镇宗教文化的盛行影响了城市格局。

3. 金华镇居住建筑的不同特色

（1）院落布局完整。虽沿用"三坊一照壁"或是"四合五天井"建筑布局模式，但可根据基地面积和居住者的要求，进行灵活设计，故出现了四合院、三合院等不同合院格局，不完全讲究对称。

（2）宅门平面较为简单，一般和围墙或是倒座房相连。宅门所设的位置比较自由，有的设在小型天井内，也有的位于院落中轴线之上，还有的偏于整座院落一侧。宅门与二道门有的设计在一条中轴线之上，有的错开设计。一般而言，二道门有屏门作用，具有遮蔽视线或传统"趋利避害"的功能等。宅门上的装饰多样，渗透着等级观念，其中虽存在有厦门头，但不是特别严格遵守规制。宅门式样较多，而且没有统一规格。

（3）除门头外，其他合院内的单体建筑，全为二层楼阁或建筑。正房高于其他坊，带有檐廊，体量尺度也比较大；对于具有军事防御功能的武将居住合院的正房更带有明显的防御色彩，靠近外墙的地方几乎不开窗，而在院内天井这个内聚的二层立面上仅开设小窗户。正房内所陈设的神龛还表明了家族祭祀的重要意义，是一种典型的儒学文化的反映。厢房无论从装饰还是从结构上都比较简洁，但是充当过厅意味的厢房，其两个立面都会有通透的格扇门等外檐装饰，且做出较为华丽的形态。

（4）梁架一般都是穿斗结合抬梁的混合结构，进深五椽或是七椽不等，有弯形月梁或冬瓜梁的出现。"四合五天井"的两坊建筑交接处由墙体承重，四合院的两坊建筑交接处共用一根柱子，以加强整体建筑强度。

（5）木雕、石刻、砖雕题材多样，图案多为吉瑞祥兽，如如意、蝙蝠虫鸟、花草等，雕刻手法多样，透雕、平雕、双层雕等互为应用。

7.3　未来展望与研究不足

云南金华镇古民居存在的最大问题，在某种程度上主要是因为不注重建筑本体的再利用与永续发展。究其原因：其一，镇内人口大面积迁移，随着镇中部分人舍弃自己的家业后，流入城市，致使大批古民居建筑遭到毁损或坍塌。如何吸引人们留在家乡，住在祖屋，应该是未来保护工作当中的核心问题。其二，一旦人们长期居住在金华镇，年久失修的古代居住建筑是否能够满足当代人们的居住需求呢？例如，建筑内部的照明、采光需求，合院中还需要提供给人们干净整洁的沐浴与如厕空间，与外界联系的网络需求等，这些问题都是未来亟须解决的焦点问题。其三，土改后造成的合院建筑产权分离，一座院落内多名住户之间的使用空间和房屋产权协调与平衡，在不损伤各住户利益的前提下，政府应该开展多方面的工作，如参考住户意见，对不想居住于此的住户可以进行迁移，政府要为其提供合适的居住地或者为其提供一定的补偿金；对想长期居于此的住户，政府需要与之商议房屋的改建计划，为其提供资金保障，并提出合理有效的修缮要求。

此外，修缮需要做到的具体措施和观测点有重视历史价值和留存民居建筑的真实性。如前所述，地方和传统民居面临最为严峻的问题就是维护改造问题。金华镇流动人口众多，其中不乏回归乡里之人，他们在翻修祖宅时存在着"光宗耀祖""荣归故里"的心态，故而影响到翻新古民居的原貌，因缺乏合理规划与保护，而给古民居的原始性与真实性造成了二次破坏，使得古民居的原始与真实信息遭到了破坏。政府应当借助登记与备案制度，加强管理与监督，详细记录和观测古民居原始状态，使用文字、图纸、照片及多种手段以加大监管力度。在古民居翻新翻建过程中，政府要始终采取多方位宣传、科学引导、善意监督的方法推进该项工作的实施，以利于民居建筑的保护。其具体记录工作如下：可通过直接提供经考证与论证的修复图纸的方式，减少翻修对本地古民居真实性的破坏。具体到实际操作，还要尽量避免不必要的重建和翻建，以维护和修缮为主，注重使用传统工艺和技法，尤其是金华古木雕、砖雕、石雕等颇具地域特色的建造工艺与技能。对已毁损和坍塌的古民居建筑，应当争取在考证后就地原样重建。

当代设计应以古代民居建筑的乡土"原生性"与文物建筑的"真实性"为底本。在翻修、创新过程中，设计者需通过情感交流、空间认知、生活感受、民众协同的方式与手段与古民居建立设计与沟通联系，提倡乡土"原生性"概念。因为它们基于并蕴含于早期金华镇古民居实施过程中，伴随历史与空间的延伸、建筑设计思想、乡土文化的融入等，使其形成适应于本地区的建筑原型。在不同社会中，古民居具有普遍的存在与发展规律，而金华镇古民居建筑又存在着特定的社会性与区域性。当代设计与保护可从中汲取营养，基于本土和本体古民居的研究视角，展开一系列可持续性与原真性的环境与建筑的良性发展。

另外，当代设计还需寻找可持续发展与当代旅游经济发展之间的平衡点。金华镇民居是一种不可再生旅游资源，它的存在能够促进旅游开发，旅游经济发展全部要围绕古民居建筑的存在展开。反之，旅游经济也是城镇古建筑保护工作的宣传与推进的窗口。目前金华古镇作为一个不可复制的旅游品牌至今没有响亮的声名，同时民居建筑也没有得到社会和人们的普遍关注，致使影响力有限，金华古镇旅游事业没有得到相应的良好发展，造成了依靠旅游经济促进城镇保护的方案停滞，继而造成了收入效果甚微，因而对古镇民居保护的投入有限。这种情况持续多年之后，便会形成一种恶性循环，这对保护工作极为不利。针对金华镇现存古代民居的实际情况，政府应当以云南省大理白族自治州剑川县坝子的军事与农耕、边塞与屯守等主题性古代城镇文化为切入点，铸造金华镇的旅游品牌；以剑川木雕文化为主，以砖雕、石雕建造技艺等交织和融合为辅，打造金华古镇主要旅游展示内容，对古民居建筑进行全面宣传与解析。在实践过程中，除了数量较多的古民居之外，政府还可将金华民间众多的地域和本土宗教文化活动作为当地的多元文化与活动的展示窗口，发掘民族团结、民族共融的主题思想，延续城镇的精神架构体系。金华镇周边的金华山与剑湖，这些珍贵的山水自然资源也可成为城镇的生态与历史环境体系，对它们做出整体协调与规划保护、配套开发与建设，形成体系完整的文化与自然景观共存共生的旅游观光区，环境的良性发展和良好的经济效益为城镇的再发展创造协同区域环境。

实施以上所有保护措施和开发时，政府需要避免过度的旅游开发。为了追求经济利益的最大化，造成民居建筑与自然资源的破坏，致使古镇失去特有建筑与景观风貌的案例比比皆是，如丽江古城过度开发后形成古城内古民居建筑的肆意更改与破坏，古城内原生居民的大量搬迁，致使古城沦为商业化躯壳，丧失了传统风貌。因此，只有良性发展与协同旅游开发共存，才能将传统民居保护与旅游经济事业二者进行平衡，形成双赢的永续发展局面。

附　录

图片来源

1. 图 1-1　寺登街上的戏楼（自摄）

2. 图 1-2　沙溪镇内的清代民居建筑（自摄）

3. 图 1-3　研究框架图（自绘）

4. 图 3-1　剑川地形地貌复原分析图（自绘）

5. 图 3-2　剑湖速写（1）（自绘）

6. 图 3-3　剑湖速写（2）（自绘）

7. 图 3-4　历史上的剑川古城（1）（赵继昌绘）

8. 图 3-5　历史上的剑川古城（2）（赵继昌绘）

9. 图 3-6　剑川的第一座古城——罗鲁城遗址（引自《云南省历史文化名城剑川：古建精粹》）

10. 图 3-7　剑川的第二座古城——望德城遗址（引自《云南省历史文化名城剑川：古建精粹》）

11. 图 3-8　剑川的第三座古城——金华镇（民国时期）（引自《云南省历史文化名城剑川：古建精粹》）

金华镇遗存公共建筑调研表及情况统计表

表1 金华镇遗存公共建筑调研表（2005年）

序 号	公建类型	名 称	年 代	地理位置
1	本主庙	阿黎帝母庙——段姓氏族对"白姐圣妃阿黎帝母"（传说中为段思平的母亲）实行本主崇拜	始建于宋代	金华镇北门街仁里巷北侧
2	地方神庙	古城隍庙（整个金华坝子崇拜的本主），被尊为"十八坛神之首""两代城隍"	从元代开始，历经明、清、民国，直至现代	原为宋、元时期"望德城"城隍庙，明洪武二十三年（1390），剑川州移至金华镇
3	佛教庙宇	报国寺（元末明初时称为"崇真寺"）	始建于元末明初	位于县城（金华镇）南门街，后改为金华中学
4	佛教庙宇	大寺庵（原名"水庵"）	始建于明代，清代多次重修	位于西门外
5	地方神庙	关岳庙（武庙）	年代不详	位于金华镇西150米的景冈公园内
6	儒教文化建筑	文庙［在元代喇嘛寺"崇仁寺"的位置上，清乾隆十年（1745），知州张泓"移诸佛像于报国寺，徙僧合祀之"，改崇仁寺为文庙］、启圣宫、大成殿等建筑属于其主体建筑	清乾隆十年（1745）。棂星门于清光绪二年（1876）重建，1982年重修。1912年，撤魁星像，改奉明代以来先贤牌位，改魁星阁为景风阁	位于金华镇西150米的景冈公园内
7	地方神庙	财神殿	年代不详	位于金华镇西150米的景冈公园内
8	地方神庙	明伦堂	建于明弘治十六年（1503）	位于县城南门街（原金华初级中学南院内），为明清两代剑川州学署大堂
9	地方神庙	昭忠祠	始建于明崇祯二年（1629）	位于西门街

注：表1来源于笔者现状调研的资料整理。

表 2　金华镇遗存公共建筑情况统计表

建筑格局	建筑质量和现存状态	建筑朝向	建筑特点	备注
1.阿黎帝母庙是仅有一个开间的殿。（图4-10～图4-12）	一般，为后建建筑	坐北朝南	一侧山墙直接升起，门前有一个台阶，门下槛为石条砌筑。整个屋面是双坡顶，由筒瓦和板瓦相间铺设而成，无举折，有三道瓦面砌筑的正脊，升起的山墙上是双坡顶，做法同屋面，墙体下碱由石条砌筑，墙体材料为土坯外饰白灰	庙宇内供奉的石像的雕刻手法为浅雕的阳刻手法。石块上刻两人，左侧为一男性，双手弯曲恭敬地举着玉版，整个身体端坐显出恭敬状，身着官服，由此可以辨认其时期为宋代，头像面部已毁；右侧为一女性，也身着与之相对应的官服，姿态比较自由，两脚分开，右脚踩在莲花上，右侧的手放于膝盖上，左腿自然落地，左手呈自然状，面容安详
2.城隍庙全院占地约六亩，两进院落，建有正殿、火神庙、戏台、东西配殿（图4-7、图4-8城隍庙）	在原址上新修建的建筑，保存完好	坐北朝南	现在的形制已和当时所修建的不同，有待考证	明洪武二十三年（1390）在崇真寺右侧建学宫，明嘉靖八年（1529）废崇真寺，扩大学宫规模。清乾隆十年（1745）学宫迁至县城西门外，原学宫改为报国寺
3.报国寺仅剩大殿，为明代所建，单檐歇山顶，无斗拱，出檐深远	已经毁损	坐北朝南	明间的藻井做斗拱造型。金柱、檐柱、梁等用材比较大，柱身粗壮	明洪武二十三年（1390）在崇真寺右侧建学宫，明嘉靖八年（1529）废崇真寺，扩大学宫规模。清乾隆十年（1745）学宫迁至县城西门外，原学宫改为报国寺。后曾改为初级中学礼堂，于1996年拆毁

建筑格局	建筑质量和现存状态	建筑朝向	建筑特点	备注
4.大寺庵为一进两院，由正殿、过厅、右配殿、大门构成。正殿建筑形式为单檐庑殿顶，面阔三间，为一明两暗式，进深五檩梁架，外带檐廊。右配殿与过厅相连，建筑形式为双滴水单檐庑殿顶，二层楼阁式建筑	完好	正殿坐北朝南，大门坐西朝东，与这个院落轴线垂直	正殿为土坯砌筑墙体，其台基为石条砌筑而成，高于其他几个殿，台明为条砖外包边沿，其他铺砌六角砖，又在台基前侧特用石条砌筑踏步。梁柱雕刻精美，明间为隔扇门，共有四扇，次间为板壁木窗。配殿为土坯砌筑墙体。大门建筑形式为重檐歇山式。始建于明代，曾在清代维修过。所有建筑的屋面都是由灰板瓦铺砌，直接搭于椽上，正脊上无任何装饰	大寺庵原为尼姑庵，1951年后，改为当地居民的居住建筑（图4-13大寺庵）
5.由南至北依次为关岳庙、文庙、龙神祠、财神殿。单檐歇山顶，其他形式不详	为后修建	坐西朝东	无记录	已经毁损

建筑格局	建筑质量和现存状态	建筑朝向	建筑特点	备注
6.景风阁为八角攒尖顶，三层楼阁式木阁楼。重檐歇山式，面阔三间，进深一间。棂星门为穿斗式屋架，山墙十柱落地。启圣宫为重檐歇山顶，四面出水，飞檐出角，双层斗拱，琉璃瓦屋面，脊顶左右鳌鱼装饰。大成殿为重檐歇山顶，斗拱外出三跳，16个柱子落地，过梁斗拱承重，共有五开间，檐柱共有18个，四周相通形成殿外回廊	为后修建。清乾隆十六年（1751）地震倾圮，十八年（1753）重修。启圣宫原供奉东西先贤先儒牌位，现已拆除。历经几代维修。其左右庑殿已拆毁，乡贤祠、文昌祠等都改建为文化长廊，东面的魁星阁楼坐东朝西，戟门已拆除	大成殿及启圣宫都坐西朝东	景风阁造型别致，主体构架为四大井口柱，以正斜两袱分小八角形，第一层原南面两个柱头上施以斗拱，其余三面为砖墙；第二层平面为八角形，八个柱头之上施以斗拱，挑出八个檐角；第三层建筑形式为单檐八角攒尖顶，饰以铜宝顶。在柱、枋、梁等组成构件上施以彩画。启圣宫为土筑墙，楼上正面斗拱，下栏槛壁窗，楼下正中格子门，两边板壁木窗，木雕精致，镂空彩饰。大成殿为土筑墙，上半截无隔断，正中东面为雕花格子门，琉璃瓦屋面，脊顶饰宝顶，屋脊末端饰有鳌鱼，飞檐翘角，木雕饰件精细别致，彩饰梁栋	景风阁原为转经阁，清中期改建为魁星阁，俗称"八角亭"。大成殿内原供奉先师，东西配哲、朱子，东庑殿供奉先儒18位，西庑殿供奉先贤31位，先儒17位，均已拆毁。景风阁一层于1983年重修，改为四周回廊，寓"景仰先贤遗风"之意。正面条石支砌石台，四周石雕栏杆，台阶正中原石雕龙纹饰（已损毁），雕刻工艺精细考究

建筑格局	建筑质量和现存状态	建筑朝向	建筑特点	备注
7.财神殿的主体建筑面阔三间，二层楼阁，土木结构。明间的屋檐为抱厦。单檐硬山顶，抱厦部分为庑殿顶，正脊上有装饰。整个建筑坐落在石台基之上。其对面的戏楼面阔三间，平面为"凸"字形，单檐悬山顶，明间为戏台，其屋顶为单檐歇山顶。墙体与前面的点相同，坐落于石台基之上	曾经修复过，现在作为张伯简陈列室，保存状态一般。戏楼已经不用	坐西朝东	建筑装饰极具白族民居装饰的特色。在山墙和正脊上都有装饰构件。屋顶的形式特别是屋顶的弧线较为特殊，起翘较大。山墙为砖砌外饰白灰泥，上墙上部绘有花纹，两侧山墙上部做出屋檐的造型，由下向上层层递减退让	无
8.明伦堂原构架为单檐悬山顶，面阔三间	已不复存在，于1995年被拆毁	无从考证	无从考证	已经毁损
9.昭忠祠是由牌坊、大门、过厅、祠堂、后阁组成的三进院落的形式。祠堂为单檐歇山顶	现仅有过厅、飨堂、正殿和一侧的偏殿，为豆腐坊占用，损坏情况严重	坐北朝南	所剩建筑的结构保存较为完整，且仍为明代建筑构架，柱梁粗大。外檐装修饰保存较为完好。替木、斗拱、梁枋等上有雕饰	为现存古建筑中典型的明代建筑，有极高的保护价值

注：表格来源于作者现场调研后整理制作。

剑川金华镇西门街 59 号院王氏家族宗谱

始　　祖　王定（子六人，王俊为第六子）

二世祖　王俊（子一人，为王辅）

三世祖　王辅（子四人，王英为第三子）

四世祖　王英（子五人，王仲为第三子）

五世祖　王仲（子四人，王管为第四子）

六世祖　王管（子一人，为王国衡）

七世祖　王国衡（子三人，王鼎振为长子）

八世祖　王鼎振（子王甸雍独承北门三支嗣）

九世祖　王甸雍（子三人，王琇为第三子）

十世祖　王琇（子四人，王向极承伯父瑜之嗣）

十一世祖　王向极（子二人，王铎为老大）

十二世祖　王铎（子三人，王处仁承恭极子之嗣）

十三世祖　王处仁（子六人，王绍科为第四子）

十四世祖　王绍科（子一人，王松）

十五世祖　王松（子三人，王敬典为第二子）

十六世祖　王敬典（子四人，王树培为长子）

十七世祖　王树培（子一人，王荫生）

十八世祖　王荫生（子一人）

王定宗族王仲分支与双魁院

始祖王定，祖籍浙江金华，其高祖元时为中庆路宣抚司宣抚，其祖父为昆明县经历。

王定于明洪武十四年（1381）随参政周景义征丽江石门等寨有功，授剑川州世袭通事兼理州判事务。

明洪武二十三年（1390）王定随剑川州治（原在罗鲁城，今甸南）迁来柳龙冲（今金华镇），并在西北门交角处定居下来。

明嘉靖戊申年（1548）四世祖王英去世，此后其五子任、佑、仲、儒、仕，除王仲分支外又发展成六个分支，人丁兴旺，于是便进入西门开辟新的发展空间，王姓老宅双魁第就是当年王仲后裔建造的新居，建于明万历年间，距今已存四百余年。

双魁第是王仲分支兴旺的象征，又是重教的具体表现。开始建造时，王氏先祖们就考虑不仅要满足生活的需要，更要有利于设馆兴教。其建成后不仅成为王氏子孙的学习场所，同时为周边学子也提供了良好的学习环境，成为王氏贡举兴教育才的主要场所。特别是名师王向极在此设馆授徒以后，双魁院成为远近闻名的学馆，直到民国依然声名远扬。1930 年，清末秀才王睿仍在这里设塾执教。

仅王仲这一分支就出了六个举人、四个贡生。根据所存的楹联、大门上的匾文及贡举们的诗文，我们可以领略到当年双魁院的影响力。

自 20 世纪 30 年代开始，这里又涌现了大批的优秀儿女，他们弃旧图新，为滇西北的解放贡献力量。

王仲分支举人简介

（1）十世祖王璲，清康熙三十五年（1696）丙子科举人，先建永州学正，开化府（今文山）教授，后聘贵州同考试官。（引自王氏宗谱）

（2）十一世祖王恭极，清乾隆十八年（1753）癸酉科举人，通海教诲，顺宁府（今凤庆）教授，后擢升为余庆县知县。著有《仁圃诗文钞》。（见《新纂云南通志·艺文考》）

（3）十一世祖王向极，恭极胞弟，清乾隆庚辰（1760）举人。热心教育，返乡设馆授徒。为人刚正不阿，坚贞不屈，是李罔维告御状的中流砥柱。乐善好施，在扶贫济困和公益事业方面做过不少贡献。清道光年间被推崇为乡贤，奉旨崇祀乡贤祠。（引自宗谱）

（4）十三世祖王处礼，向极孙，清嘉庆二十三年（1818）举人。先授沾益学正，后升蒙化府（今巍山）教授。撰有《南卢诗文钞》。（见《新纂云南通志·艺文考》）

（5）十三世祖王镛，清道光元年（1821）举人，吏部拣选为知县（广东花县）。著有《觉非集》。（见《新纂云南通志·艺文考》）

（6）十四世祖王绍科，清道光十四年（1834）举人，向极曾孙，学富五车，多年执教，文懿公赵藩就是其学生之一。同时绍科长女为赵藩的原配夫人。

王仲分支贡生简介

（1）五世祖王仲，岁贡，克剑吏曹根，明嘉靖癸卯岁（1543）赴京朝觐。（见王英墓志）

（2）十二世祖王铎，向极之子，处礼、处仁之父，恩贡生。常授徒于

桥头武侯祠。训诲学子殷而严，讲学以实践为本，不徒寻章摘句，学生有成就者众多。（引自王氏宗谱）

（3）十三世祖王处仁，王铎次子，向极孙，处礼胞弟，岁贡，邓川州训导，后为马龙州（今曲靖境内）学正。（引自王氏宗谱）

（4）十四世祖王绍烈，岁贡，历官大理府教授，永昌府保山县训导，龙陵厅儒学训导。著有《可继堂稿》。（见《新纂云南通志·艺文考》，《丽郡诗征》录其诗四首）

何可及史料记载

1. 陕西道监察御史何可及、父母、妻诰命、敕命一道

奉天承运

皇帝敕曰：柱下史居侍从之班杰出他署，盖以圭表百史料绳四方，任之重也。故惟选自循卓，不茹不吐，以劲节耸天下，乃可以胜其任焉。而陕西道监察御史何可及，仁心煦物，直气摩空，中士再更，令闻四达，品鑑多收，夫桃李辕辙备载乎。甘棠旋以内徵，寄以夯责，敷陈中哀，洞悉消长之源，弹拭择无私，立扫奇回之迹，埋轮已清乎，辇以持斧将偏乎郊金，盖万壑，层冰，实以澄清为念，而九苞威风非缘，搏击见长。囊传玺见于尔郊，已徵瑞应，今神珠蔚为国庆，可缓褒崇。兹以谭恩仍授尔阶文林郎，锡之敕命。昔唐肃宗言吾得李敏而朝庭始尊，谓其骨鲠魁垒，自有不言而信者，匪口舌为忠说也。尔坚明挺劲，朕悉之，为今时而今益表表矣，尚其历风载融，偏比以赞维新之治，钦哉。

敕曰：夫士也，修身行道，显名当时，畴不愿之，然有数焉。不得志于今日则留传其幅于后。于是燕其子为谏官。发祥抑何言烁哉，而良足嘉矣。而儒官封文林郎。河南彰德府磁州涉县知县。何桂枝乃陕西道监察御史何可及之父。行有坊表，心无町畦，克闾毓庆，蜚凤麟之英子。舍承欢笃，乌鸟之性，纫杜蘅以为带，滋兰晚以当阶。邑吏宣慈，台臣敢谏，掀帏对雨推恩。其悉乎民疠，直简飞霜，拾遗良裨乎；帝衮贻谋，可谓戳试介寿，何为灵椿。兹以覃恩仍封尔为文林郎，陕西道监察御史。尔子

为良吏，既疏恩矣。而再命俨然，匪阶岁阅宁非荣遇乎。维尔允宜，尚其歆受之。

敕曰：朕闻玉水芳流，圆折，言夫所托者异也。令人有子执法殿中，肃清皇路而不溯，其慈泽焉。托根之谓何尔，赠人李氏乃陕西道监察御史何可及之母。植仪肃令，布德慈和贫采繁之规。爰恭宾，俭修之蓄，允蹈闰彝，雪案频匡，天发轫。北堂休归乎萱树；南床喧赫天兰仪，于子心不能无介，然惟国庆。乃可以荣。尔是用仍赠尔为孺人芝纶焕斑彩之光，露黄之泽。

敕曰：士下惟以逮通籍，所恃纾内顾之忧，惟是食贫之左，相叶和鸣耳。然而，徽音有寂寂焉者，朕体谏臣牵帏之戚，而疏庸以异之，志不忘也。尔陕西道监察御史何可及妻赠孺人，李氏恭如集木，洁以餐冰，孝敬惟前，凛气声而俱下，翱翔交微，续膏晷以犹勤，勉尔同心，凄其中路，祥开乌府，晓霜式起于空帏，宠锡燕私，明月虚悬于杂佩，睠斯内德，叶红追崇，是用仍在赠而为孺人。分纶音于再被，光懿懃于九原。

2．七省漕运太仆寺卿何可及，父母，妻诰命

皇帝诏曰：朝廷欲知天下利病，吏治善败，惟一二执法之臣，以为朕视听也。故能以天下事入告于内，而因以谕朕意于外，则可谓能其官矣。剧急转输而资军国，劳勋特著，褒崇后耶？尔太仆寺少卿，仍管陕西道监察御史何可及，志行清贞，才犹敏练。循良茂绩，十奇争美于凫翔，蹇谔蜚声，六察式资于鸟集。朱衣怀谏草挟正气而历风霜；白简露弹章，揭清光而开日月。一充星使，直压波臣。秉勿节以行数千里淮河利济；驾骢乘止，四百万供忆鈉飞。共饮舟楫之长林，克副庙廊之钜任。跃龙骋骥，应凡马之空群，扶绥御天，睹奔罴之辟易。砚尔千局允为国桢，兹以覃

恩，授尔阶中宪大夫，锡之诰命。尔尚益殚嘉献，翼予新政。垂绅魏阙，务输耳目之精忠；典厩天闲，更竭股肱之远力。嗣有印社，答尔成功，钦哉！

　　敕曰：士以儒称，其潜植者既深，其滋荣者必远，固不在善身谋，收近效也。乃有佑启后人，用作朕耳目者，则实籍贻谋燕翼矣。尔原封文林郎陕西道监察御史何可及之父。恬修素履直道还醇，行谊不愧古人；孝友夙成天性。谏鸿矫矫，雅不授彼樊笼；雏凤翩翩，腾已冲兹霄汉。蜚声民牧，正色谏垣。袖里弹文，即是诗书庭训；囊中疏草，无非忠孝嘉谟，钟鼎方殷，依紫微之明，硕愈茂，傲元圃之烟霞。兹用封尔为中宪大夫太仆寺少卿。王吉永服如丝，寿祉骈臻酌斗。

　　敕曰：母以子贵，礼有常经。子业已赝柱史，赞尧阶，乃使追念庭萱，徒怀线缕。将锡类之典谓何？尔原赠孺人李氏，乃太仆寺少卿，仍管陕西道监察御史何可及之母。

　　（注：以上引文来自剑川县文物保护管理所内部资料。）

云南省剑川县重点文物保护单位登记表
（何可及故居）

公布名称	何可及故居		其他名称	
公布时代	明代		时代研究信息	
保护级别	县级保护		公布批次	第三批
公布编号		公布类别		
公布分类号	Ⅲ	类　别	建筑类	
代　码		公布地址	剑川县金华镇	
现地址	剑川县金华镇西门街 60 号			
纬　度	26° 12′ ~ 26° 41′			
经　度	99° 33′ ~ 100° 33′			
海拔高度	2195 米			
公布机关	剑川县人民政府	公布日期	2004 年 12 月 18 日	
所有权		使用人		
管理机构	剑川县文物保护管理所			
简要说明	何可及，字允升，号若溪，官履河南涉县、临漳，擢陕西道御史、太仆寺卿。其故居位于金华镇西门街，建于明天启甲子年（1624），四合院，西门街何氏民居建筑群落核心，文化积淀深厚，虽历经多次地震依然保存完好，抗震性能强，梁、柱、枋用料简洁粗壮，构件木雕图案明快大方，为典型的明代建筑			

云南省剑川县重点文物保护单位登记表（何可及故居）

	保存程度	基本完好
保存现状	现存状况	正房坐北朝南，穿斗式木构架，重檐悬山顶，面阔三间，筑板墙，青色筒板瓦屋顶、格子门、板壁木窗隔整，装修典雅古朴。东西耳房对称、穿斗式木构架，重檐悬山顶，面阔三间，门面装修简练古朴。门楼为抬梁穿斗混合式木构架，斗拱挑檐、门楼与倒厅连为一体，面阔五间，木构件粗壮，构件雕刻简洁粗犷，结构复杂精美，严谨厚实，牢实稳固。正房门楼台明青石板地坪
保护范围和建设控制地带		根据剑川县人民政府办公室"剑政办发〔2004〕38号"文批示，何可及故居保护范围：东、西、北至南，南至西门街。 建设控制地带：保护范围外缘向四周延伸15米。 平面实测图已经政府、文化、土地、城建部门认可盖章

注：表格来源于剑川县文物保护管理所。

与本课题相关已正式发表的论文

影响金华镇民居建筑形态的因素

金华镇是位于云南省大理白族自治州剑川县的一座小镇，它曾经是历史上有名的军事重镇，因为所在地域偏远，民族众多，所以产生了不同于其他地区建筑的特点。本文从影响建筑形成的因素上分析，试图归纳出形成剑川金华镇民居建筑形态的因素，以便于清楚地认识金华镇独特的民居建筑，发掘本地区的建筑特点，为本地区以后的民居建设提供一些有价值的设计依据。

1. 绪论

金华镇建筑形态的形成不是一朝一夕的，而是由自然、历史、文化、人口等因素综合而影响的，这些因素相互影响、相互制约，便形成了现在的整体建筑形态，同时影响现在和以后的建筑建设形态。故研究和分析其建筑形态的影响因素无疑会为未来的古城保护带来新的理念与策略。

2. 自然气候因素

自然因素对建筑风格形成的影响，包括地形、地貌、水系、气候、地方取材等方面。

首先，地形是对民居影响最大的因素。金华镇位于平川内部（坝子上），这里属于平原地区，地形平坦，由于本地区的土地较为丰饶，又是军事重镇，故居住人口较多。而明代以前这里居住人口较少，所以用地对居民空间的制约较小，布局及楼层安排随意，可以按照宅主家族的生活需要和习惯安排，宅院建设类型丰富。到了清代，人口剧增，形成用地紧张的状况，也就是说镇上各家的用地也受到了限制，故形成整个地区的建筑由原来的大型庭院转向小型的合院。

其次，水系对民居建筑也有一定的影响。镇子周围环以山脉，山上常年积雪，加上大面积的湖水，整个剑川地区，特别是坝子上聚居村镇街道的地下水都是自然流动的水，形成家家户户门前有流水的格局，人们的生活用水都围绕于此，同时形成了一种独特的建筑与自然景观。地下水位的提高，有利于建筑房屋时用水和居住者生活用水。水系的发达对农业灌溉的影响也颇大，它是金华镇民居周边农业主要的水源和镇上人们生存的生命源。水源还是镇上的植物等存活的根本条件。

再次，气候也是一个影响颇大的因素。当地居民对自然气候中风向问题的解决办法如下：对常年多是偏西的风向，当地居民就将主房的朝向设为坐西向东，门窗都开在其东面的方向上，劲风从屋后吹来，自然不能轻易地直接进入室内。对于从其他方向吹来的风，就由四合院或"三坊一照壁"的平面组合形式来解决。一方面，他们将主房的台基提高一些，以突出主房在合院中的地位；另一方面，主房、厢房和厅房一般是层高均等，充分起到互为屏障的作用。合院的天井尺度很小，建筑空间不大，层高较低，所以整个内聚的小型院落的防风性能比较好。山墙上穿斗结构整体性能较好，也具有防风的作用。由于从房屋坐向、平面组合再到立面处理，都为避风步步筑防，所以整座建筑并不为劲风所烦扰。剑川地区气候湿润，故林区树木茂盛，就地取材方便；本地土质是红色黏性土，容易夯筑结实，所以这两种材料促成了剑川地区房屋的建筑结构是土木结构，即将木构梁架及由黏土夯制而成的土坯砌筑的墙体结合形成。建筑屋面的铺设是专门为了整个建筑空间的透气和隔热所提供的。建筑的楼上空间作为储藏空间是因为当地气候湿润，人们为了持久保存食物的，构筑了这一建筑形式。因气候湿润多雨，为了排水的便利，屋顶都为悬山式，山墙被涂抹粉灰，同时将瓦片挂于山墙上外伸出来的椽头上，这也是为了避免木椽头因淋雨而腐烂。（见图1）

图1　在端头挂了瓦片以防止雨把檩条打湿导致腐烂

剑川地区为地震多发地区，按照现代建筑抗震理论，建筑物要重量轻、重心低，以减小振幅。内部檐廊宽大，出檐深远，采用悬山山墙，墙顶、檐头、博风板等作封护檐。内部有构造精良的木构架，形式要简单，最好是中心对称式，刚度要均匀，足以抵抗震灾。为避免建筑轮廓及体积方面的不规则的变化，故此地区的建筑梁架结构为抬梁和穿斗结合的结构。位于建筑明间两侧的是抬梁木结构，山墙上的木构架采用穿斗结构，在地震造成墙壁倒塌之后，整个建筑的基本构架还存在。抬梁木结构的连接在地震时是最好的抗震结构，由于榫卯的咬合，所以地震时建筑整体变形较小，且不易坍塌，安全性能较好。在两坊交角处合用一柱，所有的柱子都直接落于地面，这些都是为了加强房屋的结构连接。

另外，许多建筑材料的选择、构造做法的安排和技术手段的应用，甚至建筑的平面及空间布局也都是由气候条件所决定取舍的。

3.历史因素

（1）历史上金华镇的地理位置

元代以前，剑川东南部洱海地区水域广袤，今天的凤仪直至牛街均处在泽国之中。当时，洱海水域西界的山脉平均海拔高达 2160 米，不利于马帮与大部队的通行。又由于剑川既有西部的澜沧江和怒江的阻隔，又有高山峡谷和莽莽原始森林的障碍，因此北汉场经剑川直至漾濞的这条河谷通道就成为滇西北各民族与外界进行经济、文化、政治各方面交流的通道，如南与中原、南诏、大理以及东南亚、南亚，西与吐蕃、西亚等。[①]

（2）历史上金华镇的重要地位

首先剑川古城是为军事目的而建造的民居点，其形制是有特色的。根据现在的街巷名称可以辨认出当时驻扎在此地的军营的位置，如上营盘、中营盘、下营盘等街巷，著名的赵将军府（明代驻扎于此的将军府邸），这些都说明了金华镇曾为军事重镇的例证。（见图2~图4）

图2　历史上的剑川古城(1)（赵继昌绘）　图3　历史上的剑川古城（2）（赵继昌绘）

---

① 张笑.云南省历史文化名城剑川：古建精粹［M］.昆明：云南民族出版社，2004：20-30.

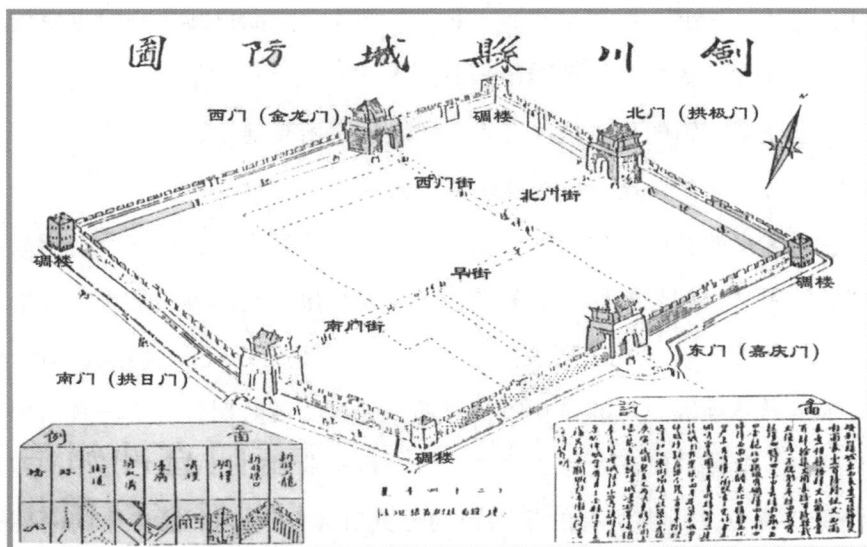

图 4　1924 年剑川古城城防体系图
（1935 年由剑川县建设处人员所绘）

其次，政府曾于此设置州治，便于对边疆属地的管理，是政治因素形成的居民点，如古城从明代至民国，城内都建有州衙署（1913 年州衙改为县衙）。

再次，金华镇是当时川滇藏三地茶马古道的贸易传送集镇。从水寨村经南门直至北门外的地方，由于当时处于滇藏茶马古道的重要驿站路口，沿街民居均前设铺台，后置庭院，但任何经商人户的建筑物都不得侵占青石板路口路面。

最后，金华镇开始是由有血缘关系的大型宗族聚居在一起形成的。元至正末年（1341—1370），金华镇尚无城池街巷，当时的柳龙冲大约分三个居民片区：柳龙冲，其位置大致沿永丰河以南而下的西门街北部至文照街一带，以段姓、赵姓、王姓为主；三家巷，即西门七曲巷以西的何姓、萧姓、张姓；旧寨，主要是张姓、杨姓。[①]这个时期反映了当时以家族形式聚居形成大片民居，也表明了当时的古城并未经过详细规划而是自发形成的，证明金华镇的形成是以宗族聚居地为原始基础发展而来的。

（3）历代等级制度对民居建筑形态的影响

在以儒家的礼制思想为社会主导思想的封建社会中，一切社会活动以及相关的用具，都是按照人们的社会地位安排出一定的等级差别，并形成制度，相约遵守，即孔子所说的"安上治民，莫善于礼"。而真正对士庶房屋做出具体等级规定的是在唐朝时期。到了明清时期各地仍一直沿用这一制度。[②]而最体现等级制度的是"门"和"堂"的分立，它是中国建筑很重要的特色，历来所有的平面布局方式都是随着这个基本原则而展开的。"贱各有等第，上可以兼下，下不可以僭上。"[③]这也影响了各地民居的建设。建筑形制不仅在院落的大小、布局、建筑的结构上进行规定，而且在建筑的色彩和装修，甚至小到装修的图案等都有严格的规定。金华镇民居建筑虽然地处偏远，但是也受到了传统的等级制度的影响，最明显的是从建筑的入口空间——大门的建设上反映出来。这些封建等级制度实际上限制了传统民居的创造与发展。

4．文化及观念因素

影响金华镇居民的思想观念是多方面的，有时候十几种观念相互作用、相互混杂在一起，使得当地的居民在建造自己的居住建筑时受到或多或少的影响，同时这些观念渗透到社会生活领域又派生出各种复杂观念，

① 张笑.云南省历史文化名城剑川：古建精粹［M］.昆明：云南民族出版社，2004：［M］.20-30.

② 李允鉌.华夏意匠［M］.香港：香港广角镜出版社，1982：64-79.

③（宋）范晔.后汉书志第二十九·舆服上下［M］.北京：中华书局，2000年：170-179.

深刻地影响着人们的生活。

（1）宗教文化

金华镇白族仍保留着大量的原始社会的泛自然崇拜遗迹。为了适应这些大型祭祀活动，他们建设了大量的公共建筑，形成了独特的城镇面貌和建筑形象。

"本主崇拜"，本主是整个镇上的保护神，平日供奉在本主庙正中，为此庙中的主神。人们对本主的尊敬使得大型的本主场所花木繁茂、匾联耀然，如原来金华镇中的晕君庙、太岁庙、古城隍庙、阿黎帝母庙等都是这种本主崇拜的祭拜场所例证。另外，随着公共建筑的废弃，现在很多家庭都将这些祭祀的空间转移到了自己的居住空间内，形成了居住建筑中特有的空间场所。金华镇的一些白族家庭把自己的祖先当作自己的本主崇拜，有的是根据祖上遗训将家族祖先的成功当作家族荣耀保留下来（有的家里祖上曾做过当地的土官，有的祖上曾是镇守剑川古城的将军，还有的祖上是科举中的举人或是贡生等）。因为先辈的杰出才能而激励后世子孙，故将祖先供奉为本主。由于受到佛教等教派的影响，在所调查的几家居住建筑中，他们虽然是不同时代的家族和具有不同的历史背景，但是几乎每家都在居住建筑中设有神龛（见图5）。其正中供奉天地，两侧各供奉家族的祖先和佛祖。不同的民族会产生不同的宗教文化，也会产生不同的生活习惯，随之引起建筑、居住等与之相关文化的变革，但是民族的融合也带来了文化的融合，金华镇的民族历史变迁也对整个镇子的建设和建筑群带来特殊的影响，形成了我们今天所见到的金华镇。

图 5 二层明间中用来祭祀的神龛

（2）儒家观念

儒家思想是汉族的一个重要的思想体系，它的影响力不仅在白族中，而且这种思想随着汉族的融入，也渗透到了其他当地少数民族的思想中。其最大特征为"尊儒""敬孔"，一些金华镇为官的或是读书的人家都将孔子的塑像或是画像供奉于室内。同时根据儒学传统的"三纲""五常"思想和出于对祖先的崇敬在镇中建有大型的文庙、明伦堂、祠堂等。例如，对何可及旧居及其他几家的建筑调查中，正房都设有祭祀用的祠堂，有了固定的场所当然也就出现了固定祭祀的日期。

古镇布局包含了丰富的礼制文化。例如，由文照街经西门直上西门外的文庙，街道笔直规整，路面由两条青石板分左、中、右连作主线，其间鹅卵石镶嵌。按照士大夫等级观念所规定的，自古城建筑数百年来，此路面只准老年人、达官显贵、读书人走动，其余人只能靠两侧行走。儒学在社会上占领统治地位，纲常伦理思想在民居中得到了充分的发挥，尊卑、长幼、男女、主仆的活动空间在住宅内部明确划分，前堂后寝制度更为突出，以中轴线式的厅堂为主线，四周辅助建筑拱围的组合方式被普遍采用，出现了标准而程式化的总平面设计。

（3）生活观念

由于在封建家族中家庭成员的生活憧憬是一种根深蒂固的吉祥观念，可以概括为福、禄、寿三个字，即多子多孙、大富大贵、福寿安康等，甚至在有的家族中希望自己的后代能够封得一官半职，以光宗耀祖。为了表达美好的心愿，他们将此观念渗透于自己居住的建筑中，特别是在建筑的装饰上无不反映了这些思想，同时也是这些观念的反作用，改变了金华镇居住建筑的装饰题材。在所调查的居住建筑中，几乎家家的木隔扇门上都刻有蝙蝠（富）、祥兽、牡丹等动植物花纹图案，还有祭祀的神龛上也刻有"福"等吉祥文字的符号，瓦件上雕刻的瑞兽图案，院内种植有西府海棠、桂树、葡萄、石榴树等，以用吉祥的含义来烘托环境，在宅门上雕刻有吉祥的图案和装饰等，这些都反映了生活观念对建筑和建筑环境的影响。（见图6）

图6　木刻纹样——二龙献福

（4）地域观念

在金华镇居住的民族大部分都是白族，加之各个民族的融合，形成了本地区特有的语言区域，具有相当的天然文化联系。这种文化在相当长的时期内具有排他性，力图创造不同于其他地域的物质文化和精神文化，这些都影响了本地的建筑文化。镇上的居住建筑几乎都为小型的合院，由于历史变迁的原因使得一些建筑格局被破坏。有些大型家族聚居区中的建筑群已失去了原貌，但是一般都为一个合院，或是几组合院相互联系。每个合院的宅门做法都比较讲究，且宅门多为板门，没有过多的装饰，但都有各自的特点。合院的尺度比较狭小，建筑的尺度也比较低，屋面瓦件的铺设材料及方法都比较统一，以及门窗上的雕刻花纹也基本一致。这些迹象都反映了地方的认同感。

（5）风俗习惯延续

往往一种民居建筑形式沿用多年之后，虽然客观环境及技术材料都已经变化，但是旧的形式仍然延续一段时间，这种现象在美学心理上可以称为"视觉的暂留"现象。例如，他们会将祠堂设立在建筑的正房明间的二层空间中或是正房的明间之内。当地采用的穿斗和抬梁的结构形式一直亘古不变，原因是当地传统、气候和历史经验所致，还有就是风俗习惯的延续。如果说金华镇的地理气候、社会发展、民族文化交流是复杂多元的，那么其境内的宗教也是复杂多元的。认识了剑川宗教的特点及宗教的精神作用，就能正确看待镇中在建屋时存在的宗教习俗行为。特定的民族习惯也会影响建筑建造的习惯的沿用，如从选材择地所举行的祭祀仪式，到聚落与住屋的规模格局、方位取向、住屋形式和空间划分的处理以及伴随着整个建构过程的各种活动等。

（6）传统建筑布局观念

在所调查的金华镇合院建筑布局和朝向上反映了一定的传统文化观

念。例如，他们格外重视宅门的作用，在确定建筑的吉凶时，将宅门定在吉祥位置；建筑与建筑的交角处不是直接抵触；宅门正向开设时，为了不直接面对正房，设立二道门，作为屏门将不吉挡于门外；溪水不可正对房子，宅门也要转个角度，避开此方向。（见图8、图9）

图8　在宅门上搁置有辟邪的牌位以"趋利避害"　　图9　两道宅门以避免直对院子

5．人口因素

古代中国境内人口的增长，概括地讲，可以分为四个高峰期。其中，到了清乾隆六年（1741）人口数量为第三高峰期。以后的人口只增不减，清乾隆末年达到3亿，清嘉庆末年达到3.5亿，一直到清道光三十年（1850）人口突破4亿大关，为第四高峰期。总之，人口猛涨的趋势在封建社会后期加速是历史事实。[①]而金华镇的建筑正处于这个历史时期。因为人口的急剧增长导致了农田的大面积缩减，同时农业又是重要的生存来源，所以不得不节省用地，向空中发展，即出现了两层的楼阁式建筑。金

---

① 孙大章．中国民居研究［M］．北京：中国建筑工业出版社，2004：205-206。

华镇的建筑用地紧张，占地面积和规模都较小，还有两层建筑的发展都是受以上人口因素影响的结果。这种影响一直延续至今，保持了街道和建筑的形态发展，现在新修建的建筑仍然沿用这种建筑形态、朝向等。

6. 小结

金华镇民居建筑风貌的形成不是一蹴而就的，它是经过历史的积淀慢慢形成的。那么，影响金华镇民居建筑形态的形成的因素到底有哪些呢？

首先是自然气候因素，它是影响建筑的选址、类型、结构、式样等的主要因素。其次是历史因素，它涵盖面比较广泛，如本地区的历史沿革、历史渊源、历史变迁及民族背景等都影响着本地区建筑形态特点的变化。再次是宗教文化因素，由于本地区民族的复杂，衍生出了相关民族的宗教信仰，形成了特殊的宗教习俗和宗教文化。不同民族的人们的习俗也各不相同，而这些特点会或多或少地体现在建筑中，呈现出本地区特殊的建筑特点。还有人口因素，民居建筑是为人服务的建筑，它的建造目的是符合人的自身发展需要，人口的数量、人的迁移、人口的构成对民居建筑的影响也不可忽略。最后，在复杂的人类聚居状态下，社会因素也影响着民居建筑形态。以上因素缺一不可，它们相互影响、相互制约、相互作用，最终形成了今天我们见到的金华镇建筑。

原载《云南建筑》2007 年第 3 期

以剑川金华镇何氏院落为例谈古民居建筑要素

以剑川县金华镇何氏院落住宅为例，从院落的组成及特点、建筑结构及特点、建筑装饰及特点对古民居的建筑要素进行分析，总结出金华镇民居建筑的特点、形成的原因和建筑要素的基本特点，为古民居的保护与规划提供理论指导。

1. 概述

金华镇位于剑川县境东北部、金华坝西北、金华山北麓。南距大理白族自治州首府下关市 126 千米，东南距省会昆明 526 千米。东部、北部与东岭乡接壤，西部与羊岑乡交界，南部与甸南乡相邻，地势西北高、东南低，海拔 2195 米（十字街口），全镇总面积 7 平方千米。根据所调查的资料显示，目前金华镇（剑川古城）所存的建筑有明代时期、清代时期、民国时期和近现代的建筑（根据建筑建成年代划分）；居住建筑、公共建筑（按建筑的使用功能划分）；文人建筑、农户建筑、武将建筑（按使用者划分）。因为金华镇所在地理位置偏远，在修建时沿用历代的城镇格局，建筑风貌也是融合了地方的特点，所以目前呈现在人们眼前的历史建筑是珍贵的，是极具有研究价值的。它们的存在不仅为人们提供了研究剑川古代建筑的依据，而且反映了剑川各个历史时期建筑的不同形态特征。其中，最具有代表性的居住建筑为明代文人和武将居住建筑及清代文人居住建筑等。下面以这些居住建筑中最具代表的实例——剑川金华镇何氏院落住宅为例进行分析。

2.组成建筑要素的分析

（1）院落的组成及特点

院落的组成包括院落的格局、院落的居住功能、院落的空间等。格局是组织建筑群体构图的关系。金华镇的民居建筑组合一般是以四合院等为庭院中心的内向型家庭组合体。院落布局一般都为一正一厢、三坊一照壁、四合五天井和一进几院的合院形式。所谓"坊"，即一栋三开间两层的房屋，以三开间为一"坊"。

一正一厢，即盖有一坊正房，正房两山建有"漏阁"，一侧则建有一坊厢房，其他两面或盖圈房或打成围墙。一般人家以这种格局居多。三坊一照壁，即正房两山都有"漏阁"，两侧都建有厢房，在正房对面建有具有民族特色的、别具一格的、一高两低的照壁，正房两侧都建有两坊厢房，这样也就围合成了一个合院，称为"三坊一照壁"，这种类型的合院为中等人家建造。

由四个"坊"围成四合院，并因之形成中央的天井及四角的天井的合院形式称为"四合五天井"。同时四角建有四间"漏阁"，每间"漏阁"都有小型天井，与位于四坊中间的大型天井合称为"五天井"。本镇民居建筑的基本格局是以"天井"为中心的内向型的家庭组合体，"天井"是将建筑群进行院落分类的关键。一进几院的合院形式是根据家族人数的多少及家庭的经济实力而定的，即采用什么形式，由房主人的经济条件和家族大小、人口多寡所决定。它的形式就是将以上的几种合院形式进行组合并沿一定轴线进行布置，由"过厅"或是"过道"连接，两面带厦，其中后院辟为书房、花园等。现在所存的西门街60号是当时整个建筑群中的一部分，合院位于西门街北侧的小巷中，坐北朝南。

宅门与倒座房相连，坐北朝南。二道门是屏门的形式，兼具影壁墙作用，门向北侧开启，与宅门朝向一致。正房坐北朝南，东西两座厢房相互平行，与正房、倒座房相垂直。合院平面为长方形，南北中轴线偏向于院落的东侧，东西两侧建筑不完全对称。

此合院是一进院落，它是由宅门、倒座房、正房、东西厢房及一个天井围合而成的四合院，因为历史原因几次易主，院落的结构也被改变和分割。现在所存院落内的单体建筑都为二层楼阁式，但不同的是正房有檐廊，其他建筑无檐廊。由于院落较为窄小，正房两侧次间有一半面阔从正立面上是看不到的。正房南面两侧为东西厢房，面阔五间，与正房呈"品"字形排列。正房对面的建筑称为"倒座房"，开间数与正房相同。宅门开设在倒座房的明间，既是一座屋宇式的门楼，也和倒座房连为一体，形成上下两层的屋檐。

此四合院具有以下的功能：第一，居住功能是其主要功能；第二，族权和神权是维系封建家族统治的主要权力支柱；第三，合院建筑有储藏室的功能；第四，社会交往也是不可缺少的，所以在倒座房中设有客厅，做接待室使用，有时候一些特殊的客人，如亲戚或是有身份的人可以直接进入院内，在正房明间一层设有客座；第五，具有交通功能的楼梯设在正房两侧，可以通往二层空间。

（2）建筑结构及特点

剑川古民居建筑结构多数为两层楼阁，有檐廊。主屋称为"正房"或"正屋"。底层三间一明二暗，檐廊宽大。

两侧厢房也为二层楼阁，但是无檐廊。倒座房与正房形式相同，但是无檐廊且与宅门相结合。整体建筑的主要结构为抬梁结合穿斗式，即明间内的结构支撑为抬梁式，在次间或稍间的结构支撑为穿斗式，山墙上的柱子都落地。左右后三方用土基墙围护，前面及中间用木隔板和木结构为隔，山墙到顶，屋面挑出的为"悬山式"；山墙直出屋面的为"硬山式"。这座宅院的四个方向上的建筑多为"悬山式"，这种抬梁结合穿斗式的构架对于抗震和抗风都有好处。

宅门为屋宇式门头，面阔一间，进深与倒座房进深相同，平面有四排柱子（共六根）构成，包括檐柱、金柱、中柱，其构架为穿斗式。屋顶形式为单檐悬山顶，突出于外墙面与倒座房的檐构成了上下两层檐的形式。两侧墙体是空斗墙的砌筑方法，墙体的下碱已经风化，应为石基。

倒座房与门楼连为一体，面阔五间，通面阔 16.3 米，通进深 4.5 米，抬梁结合穿斗的木构架、土基墙。倒座房除明间为门厅，东西次间各自为独立的一个开间，西次间的面阔小于东次间。由于西厢房离倒座房较近，所以西次间的面阔较小。

东西厢房格局及形制基本相同，面阔三间，通面阔 8.37 米，进深五檩，通进深 4.14 米，抬梁与穿斗相结合，即中柱直接伸入中檩下，与其他五架梁和三架梁相交。东西厢房为重檐悬山顶二层楼房，青色筒板瓦，土基筑板墙。

正房坐北朝南，面阔三间，通面阔 16.3 米，通进深 7.8 米，重檐悬山顶，二层楼阁式，青色筒板瓦，抬梁结合穿斗的混合式木构架，梁柱肥硕。外围的墙体为土坯砌筑。

（3）建筑装饰及特点

建筑装饰是古代居住建筑的精华体现，它反映了大到一个时代、小到一个家族的文化特征和经济实力。

①在金华镇民居建筑装饰艺术中，最为明显的是木雕装饰。金华镇为我国重要的木雕盛行区，木雕工匠技艺精湛，这种技巧也广泛应用在建筑装饰中。木雕多用于建筑物的格子门、横披、板裙、耍头、吊柱等部分。装饰手法和题材多样，雕刻栩栩如生，在每个居住建筑宅门的门头、梁枋、窗户、柱础，甚至其内部的梁柱上都装饰有丰富的图案。

②砖、瓦、石雕装饰艺术也无时无刻不出现在这些民居建筑中，如在

何可及宅院建筑的外立面一层的檐与二层的窗户交接处，用砖瓦刻画出各种纹样的图案，纹样有"卍"字文、卷草纹、几何纹等，功能上的作用就是将上下两层房衔接，而更大的作用是装饰，可以丰富整个建筑的立面。

3．结语

金华镇民居建筑要素的基本特点：①建筑基本格局为一正一厢、三坊一照壁、四合五天井和一进几院的合院形式。②建筑尺度为檐廊宽约2.2米，总进深约为5米。房的高度以脊高计算，正房脊高一般为6.46~7.98米，厢房视正房高矮而定，一般比正房稍降0.33~0.66米。③木构架承重，运用抬梁和穿斗相结合的混合构架形式，山墙也有部分承重作用。④建筑装饰手法、题材多样，并突破常规的同时代做法，形式变化多样。

原载于《山西建筑》2007年第3期

云南金华镇清代民居建筑木雕装饰艺术

——以金华镇忠义巷 11 号为例

云南金华镇忠义巷 11 号院曾是美术评论家苏民生、体育教育家苏竞存、核物理学家苏峙鑫的故居，始建于清同治末年（1874）。

整座院落为一进三院式，由北院、中院、南院沿南北轴线一字排开。三座院落中正房均为西向住宅，内设神龛，祭祀祖先及天地之神。与之相对的建筑是倒座形式的建筑。该院落布局合理，装饰华丽，是不常见的小型合院中的精品。

在金华镇民居建筑的装饰艺术中，木雕、砖雕、石雕艺术占有相当一部分的比重。当地的匠师将传统纹样雕刻在这些没有生命的木头、石头、砖瓦上，创造了独有的艺术价值，不仅提高了审美情趣，使得居住于建筑中的人们在精神思想上与之产生了共鸣，还为居住文化添加了绚烂的色彩。

木雕根据不同的位置分为以下两个部分：一是建筑的外部檐口，即柱、枋头、檐檩、檐椽、飞椽、雀替、门、窗、山墙上的搏风板、悬鱼等木架结构；二是建筑的内部结构，即梁架结构、替木、角背、叉手等。

枋头。门头的木板上有凹槽，穿插枋的枋头有雕刻。横向的穿插枋上刻有回形图案。两重枋头上都为兽头形态，最上面的一层为狮面纹样，有的形象、生动、写实，有的折线形态雕刻；中间层一般为鳄鱼或是龙头的变形形式，或者为几何折线形态，在雕刻较为写实的两重枋头中间会穿插一个莲花状的支撑；最下面的穿插枋为几何纹样，边界做成阶梯状。枋头上为浅浮雕、最下层枋头为透雕。

雀替。雀替大致分为以下两种：第一种为草叶花纹的形态；第二种为几何纹状，和中国结形态相似。两种雕刻手法都为浅浮雕，即在整块木板上通过阳刻使得草叶纹和几何纹突出于板面。

门。门的雕刻一般施在隔扇门上，如正房的明间金柱中缝上装有一樘六扇的隔扇门，每扇门上的透雕部分都不相同，由南至北为：第一扇窗花已经毁损，只剩下一个角上的菊花图案；第二扇上为菊花和荷花，象征福寿延年，多子多孙；第三扇上为鸳鸯戏水图，象征家庭和睦，婚姻美满；第四扇上为牡丹绶带图，象征富贵繁荣，寿比南山；第五扇上为荷花仙鹤图，也象征福寿无疆，多子多孙；第六扇上将福寿禄等主题加深，左上角有一个石榴，下面是一只喜鹊，落在梅花枝头，有喜上眉梢的含义，后面是青松、竹子等，最下方为一梅花鹿，寓意吉祥。有的隔扇门板上部为"百福"结合梅花窗形态，下部为花草图案。

窗。南北次间有两扇支摘窗（上部是支窗，下部为隔扇窗），窗上雕刻有几何纹，在其相交之处刻有荷花等花纹图案，而方形的花纹中心刻有"福""寿"等字，还有团花用字转出花的纹样，现在窗的颜色重新刷为黄色，原来的色彩应和其他木装修色彩相同。

北厢房的二层面阔上有三扇花窗，中间的花窗尺度较大，东西尺度较小。檐下的装饰有所区别：中院的倒座房的木装修的装饰是整个忠义巷11号最为华丽者。其转角窗、隔扇门等都刻画精美。南北厢房建筑东侧是一双扇开启的隔扇窗，隔扇窗中部镂空，是梅花窗的一种形式。紧挨着的是双扇板门，最后是一个花窗，花窗的棂条组合为"寿"字，棂条中间镶有梅花的装饰，雕刻精美。窗两侧有封闭的板，板上刻出三段式的几何装饰。

建筑的窗户分为两层：二层窗户为花窗，一般为支摘窗，同时使用几何花纹拼砌，采用复杂的几何图案，如回字纹、菱形纹等。一层窗户一般有支摘窗、隔扇窗或隔扇门，采用图案为梅花形或者是几何窗结合梅花纹。隔扇门上部采用几何菱形窗或者是梅花百幅窗，形态复杂，做工精细。转角窗图案采用几何纹样结合剪纸梅花装饰纹样，所有窗户都是镂空和通透的。

木质神龛。院落中有三座神龛：第一座位于北院倒座房二楼，高中低式、仿楼阁。第二座位于北院倒座房明间内，于扶手栏杆上面架设木质神龛，其形式为屋宇式，共有三个开间，上面雕刻的图案较为复杂。明间的檐较高，正中刻有一个"寿"字，两侧的檐较低。第二座神龛位于中院正房明间内，呈现屋宇状，中部高，两边低，其下雕刻出一只巨型蝙蝠，翅膀张开，采用透雕和平雕手法。三座神龛都采用红木材料，并且占据了整面墙体，作为家族祭祀的空间使用。

木雕装饰是建筑中的一个重要组成部分，它的使用反映了地方的民族特色、民族习惯和心理，装饰题材、材料的使用、雕刻手法都或多或少地反映了地方的建筑装饰特点。金华镇的清代木雕特点如下：第一，雕刻精细，手法多样，如平雕、透雕、隐起、浮雕等；第二，装饰部位多，一般使用在建筑的梁、枋、替木、垫板、窗、门等上；第三，图案多样，如几何纹（回字形、菱形等）、草叶纹（梅花纹）、兽头纹、文字结合草叶纹、国画花鸟纹、博古纹等；第四，装饰效果强烈；第五，寄寓富贵、吉祥、如意等深刻含义；第六，反映居住者的文化心理，如梅、兰、竹、菊等木雕装饰反映其生活情趣。

参考文献

［1］云南省设计院《云南民居》编写组.云南民居［M］.北京：中国建筑工业出版社，1986.

〔2〕王翠兰，陈谋德．云南民居。续编〔M〕．北京：中国建筑工业出版社，1993．

〔3〕张笑．云南省历史文化名城剑川古建精粹〔M〕．昆明：云南民族出版社，2004．

原载于《美术大观》2008 年第 6 期

参考文献

［1］李允鉌.华夏意匠［M］.香港：香港广角镜出版社，1982.

［2］刘敦桢.中国古代建筑史［M］.2版.北京：中国建筑工业出版社，1993.

［3］梁思成.梁思成全集（第六卷）［M］.北京：中国建筑工业出版社，2001.

［4］马炳坚.北京四合院建筑［M］.天津：天津大学出版社，1999.

［5］荆其敏，张丽安.中外传统民居［M］.天津：百花文艺出版社，2004.

［6］刘大可.中国古代建筑瓦石营法［M］.北京：中国建筑工业出版社，1993.

［7］马炳坚.中国古建筑木作营造技术［M］.北京：科学出版社，2003.

［8］孙大章.中国民居研究［M］.北京：中国建筑工业出版社，2004.

［9］王其亨.风水理论研究［M］.天津：天津大学出版社，1992.

［10］云南省设计院《云南民居》编写组.云南民居［M］.北京：中国建筑工业出版社，1986.

［11］王翠兰，陈谋德，云南省设计院.云南民居续编［M］.北京：中国建筑工业出版社，1986.

［12］张笑.云南省历史文化名城剑川：古建精粹［M］.昆明：云南民族出版社，2004.

［13］刘敦桢.中国住宅概说［M］.天津：百花文艺出版社，2004.

［14］石克辉，胡雪松.云南乡土建筑文化［M］.南京：东南大学出版社，2003.

［15］陆元鼎.中国民居建筑［M］.广州：华南理工大学出版社，1992.

［16］陆元鼎.中国传统民居与文化（上）［M］.北京：中国建筑工业出版社，1991.

［17］陆元鼎.中国传统民居与文化（中）［M］.北京：中国建筑工业出版社，1991.

［18］陆元鼎.中国传统民居与文化（下）［M］.北京：中国建筑工业出版社，1991.

［19］刘致平.中国建筑类型与结构［M］.北京：中国建筑工业出版社，1987.

［20］戴志忠，杨宇振.中国西南地域建筑文化［M］.武汉：湖北教育出版社，2003.

［21］中国建筑史论文选辑编辑部.中国建筑史论文选辑（第二辑）［M］.台北：明文书局.

［22］郭谦.湘赣民系民居建筑与文化研究［M］.北京：中国建筑工业出版社，2005.

［23］戴志坚.闽台民居建筑的渊源与形态［M］.福州：福建人民出版社，2003.

〔24〕龙炳颐.中国传统民居建筑〔M〕.香港：香港区域市政局，1991.

〔25〕姚承祖.营造法原〔M〕.北京：中国建筑工业出版社，1986.

〔26〕剑川县民族宗教事务局.剑川县民族宗教志〔M〕.昆明：云南民族出版社，2003.

〔27〕过汉泉，陈家俊.古建筑装折〔M〕.北京：中国建筑工业出版社，2006.

〔28〕国际古迹遗址理事会中国国家委员会.中国文物古迹保护准则〔S〕.北京：国际古迹遗址理事会中国国家委员会，2006.

〔29〕罗平，向杰.云南民居建筑文化的数字化保护研究〔M〕.昆明：云南大学出版社，2015.

〔30〕陈云峰，张佐.云南明清民居建筑（下）〔M〕.昆明：云南美术出版社，2002.

〔31〕刘肇宁.旅游开发对云南白族和纳西族民居建筑传统的可持续性演进的影响〔M〕.昆明：云南人民出版社，2016.

〔32〕云南省建筑工程厅设计院.少数民族民居调查之三：云南白族民居调查报告〔R〕.昆明：云南省建筑工程厅设计院，1963.

〔33〕北京大学聚落研究小组、云南省城乡规划设计研究院.云南民居〔M〕.北京：中国电力出版社，2017.

〔34〕杨大禹，朱良文.云南民居〔M〕.北京：中国建筑工业出版社，2009.

〔35〕杨晓.人类学视野中的剑川白族民居〔M〕.北京：民族出版社，2013.

〔36〕董秀团.白族民居〔M〕.昆明：云南大学出版社，2006.

〔37〕张春继.白族民居中的避邪文化研究：以云南剑川西湖周边一

镇四村为个案［M］.昆明：云南大学出版社，2009.

［38］云南省剑川县志编纂委员会.剑川县志［M］.昆明：云南民族出版社，1999.

［39］张文.剑川——梦与激情抵达的地方［M］.昆明：云南人民出版社，2004.

［40］《中国少数民族社会历史调查资料丛刊》修订编辑委员会.白族社会历史调查（三）［M］.北京：民族出版社，2009.

［41］张笑.剑川古城的风貌格局与民居建筑［J］.大理文化，2013（12）：105-111.

［42］王单.谈建筑中的精神：以大理剑川县石龙村民居建筑为例［J］.大众文艺，2012（13）：148-149.

［43］付元凤.剑川古城的保护性开发研究［J］.大众文艺，2018（11）：225-226.

［44］张笑.古道上的名城——剑川古城［J］.大理文化，2016（4）：103-112.

［45］宾慧中.滇西北剑川匠系世传营造口诀研究［J］.建筑遗产，2016（3）：98-107.

［46］吴晓敏，管毓斌，刘文敏，等.云南剑川白族城镇景观特色调查［J］.山西建筑，2013（29）：7-9.

［47］田欢欢.大理白族民居之照壁与现代住宅之玄关的前世今生［J］.中国民族博览，2018（10）：19-20.

［48］李鹤仙.古城古韵写沧桑——封面大理16个国家级重点文物保护单位之剑川古城明代古建筑群赏释［J］.大理文化，2008（2）：1.

［49］余庆平，骆丽清.大理白族民居粗考［J］.住宅科技，1996（5）：44-47.

致　谢

在本书完成之际，特别要感谢在我研究生学习过程中和本书写作期间给予我指导与帮助的各位老师与同学。

要特别感谢我的父母，感谢他们给予我生命并一直默默在背后支持我、关心我，以及在我学习过程中给予我的关怀、照顾、鼓励和支持。

特别感谢我的挚友——冯柯，是她鼓励我不断前进，在学业和研究上始终帮助我。

衷心感谢导师侯卫东，感谢他多年来对我专业上、工作中的严格要求与指导。他对本书的进度安排、组织结构、各部分的逻辑关系及书中措辞等细微方面，都提出了中肯的意见，不仅帮助我顺利完成了学业，而且也使我在治学方法和钻研精神上均有了相应的提高，为我今后的工作奠定了踏实钻研、勤勉向上、严谨谦逊的作风基础。

感谢已故的张似赞教授，他曾在我的研究生学习阶段，给予了我许多学习、工作上的指导。张老师严谨的治学态度与积极的生活哲学都将深深影响我今后的人生道路。感谢他曾在本书的落脚点上提出的中肯建议。

感谢刘临安教授和西安交通大学的陈洋教授，他们在本书评审方面的意见，为我的写作提供了多方面的灵感。

最后，感谢所有关注我成长、帮助过我的人！感谢你们！

由于本人学术与写作水平有限，书中难免存在多处不足，谨请各位业内专家与学者予以批评和指正。

王薇

写于 2020 年 5 月